教师教育系列教材

教师职业道德与教育法律法规

修订版

周　琴◎主　编
傅文茹◎副主编

北京师范大学出版集团
BEIJING NORMAL UNIVERSITY PUBLISHING GROUP
安徽大学出版社

图书在版编目(CIP)数据

教师职业道德与教育法律法规/周琴主编. —合肥:安徽大学出版社,2015.8(2018.12 重印)
教师教育系列教材
ISBN 978-7-5664-1009-2

Ⅰ. ①教… Ⅱ. ①周… Ⅲ. ①教师—职业道德—师资培训—教材②教育法—中国—师资培训—教材 Ⅳ. ①G451.6②D922.16

中国版本图书馆 CIP 数据核字(2015)第 204387 号

教师职业道德与教育法律法规修订版　　周琴　主编

出版发行: 北京师范大学出版集团
安 徽 大 学 出 版 社
(安徽省合肥市肥西路 3 号 邮编 230039)
www.bnupg.com.cn
www.ahupress.com.cn
印　　刷: 北京柯蓝博泰印务有限公司
经　　销: 全国新华书店
开　　本: 170mm×240mm
印　　张: 13.75
字　　数: 205 千字
版　　次: 2015 年 8 月第 1 版
印　　次: 2018 年 12 月第 9 次印刷
定　　价: 32.00 元
ISBN 978-7-5664-1009-2

策划编辑:姜　萍
责任编辑:姜　萍
责任校对:程中业
装帧设计:李　军
美术编辑:李　军
责任印制:陈　如

《教师职业道德与教育法律法规》
编 委 会

主　编　周　琴

副主编　傅文茹

委　员（以章节编写为序）

石春梅　杨果林　周　琴

何光辉　傅文茹　吕　明

魏　兵　汪良敏　乔安丽

史玉萍　胡春丽

前　言
QIANYAN

百年大计，教育为本；教育大计，教师为本。有好的教师，才有好的教育。《国家中长期教育改革和发展规划纲要(2010～2020)》将教师队伍建设放在重中之重的地位，明确提出要“努力造就一支师德高尚、业务精湛、结构合理、充满活力的高素质专业化教师队伍”。教师的素质特别是教师职业道德水平和法律素养，直接关系着广大学生的健康成长，影响着民族和国家的未来。

根据合肥师范学院“师范性、应用型”的办学定位，为适应教师资格认定考试等新的政策和形势，突出师范教育特色和校园文化建设亮点，合肥师范学院对教师教育专业课程体系进行重构与优化，将《教师职业道德与法律法规》的教学内容有机整合于师范生的《思想道德修养与法律基础》课教学中，使之融汇贯通，并把它作为 2014 年合肥师范学院提升计划教学类项目：教师教育类课程综合改革与实践项目“基于师范生从教素养培养的《思想道德修养与法律基础》课程综合改革与实践”(项目批准号 2014jykc02)，要求在课时不增加的前提下，对教学内容、教学方法、课程考核等进行改革。为了引导师范生学习师德规范文件与法律法规，着力提升师范生师德水平与法律修养，根据此项目的建设目标要求，我们组编了这本教材。

本教材分“教师职业道德”和“教育法律法规”上下两篇。上篇“教师职业道德”分道德与教师职业道德、教师职业道德原则、教师职业道德规范、教师职业道德修养和教师职业行为四个专题。在深刻领会习近平总书记系列重要讲话精神的基础上，围绕《中小学教师职业道德规范(2008年修订》、《教育部关于建立健全中小学师德建设长效机制的意见》、《教育部关于印发中小学教师违反职业道德行为处理办法的通知》等，对教师职业道德的内涵、特征和功能、教师职业道德的原则、教师职业道德的规范、教师职业修养的意义、原则、方法以及教师课堂行为、师生交往行为的意义和规范要求进行了深入解读，以帮助师范生牢固树立职业理想情操，自觉践行师德规范，弘扬社会主义核心价值观，弘扬社会主义新风尚，主动适应教育发展新常态。下篇“教育法律法规”分教育法原理、《中华人民共和国教育法》解读、《国家中长期教育改革和发展规划纲要(2010～2020年)》解读、《中华人民共和国教师法》解读、《中华人民共和国义务教育法》解读、《中华人民共和国未成年人保护法》解读以及《中华人民共和国预防未成年人犯罪法》解读七个专题。重点对教育法的基本原理以及教师职业生活中的相关法律法规进行了深入解读，有利于师范生贯彻依法治国的理念，推进社会主义核心价值观教育，切实增强他们依法治教、依法执教的意识与能力。

本教材由合肥师范学院马克思主义学院的老师们共同编著。其中上篇“教师职业道德”专题一由石春梅编写，专题二由杨果林编写，专题三由周琴和何光辉编写，专题四由傅文茹编写；下篇“教育法律法规”专题一由吕明编写，专题二和专题三由魏兵编写，专题四和专题五由汪良敏编写，专题六和专题七由乔安丽编写。

本教材在编写过程中参阅、引用了一些资料，在此，对所引用资料的作者表示深深谢意！

由于编者水平有限，加之时间仓促，书中不免会有一些不妥之处，敬请广大读者给予谅解，也恳请同行专家给予批评指正，以便今后进一步修订与完善。

编　者

2015年6月

目　录
MULU

上篇　教师职业道德

专题四　教师职业道德修养和教师职业行为

下篇　教育法律法规

专题一　教育法原理

专题二　《中华人民共和国教育法》解读

专题三　《国家中长期教育改革和发展规划纲要(2010～2020年)》解读

专题四 《中华人民共和国教师法》解读

专题五 《中华人民共和国义务教育法》解读

专题六 《中华人民共和国未成年人保护法》解读

专题七 《中华人民共和国预防未成年人犯罪法》解读

上篇

教师职业道德

专题一

道德与教师职业道德

学习指南

1. 了解道德的内涵、特征和功能。
2. 了解职业道德的一般内涵与时代特征。
3. 理解教师职业道德的内涵、特征与功能，明晰教师职业道德与个人道德间的联系与区别。
4. 通过一些案例，反思教师职业道德与教师发展、教师职业道德与教师职业发展间的内在关系。

问题驱动

长期以来，良好的职业道德素养始终是国家和社会评价教师的重要标准之一。现阶段，新一届党中央更是号召全国教师要做新时期"四有"好老师，对教师职业道德标准提出具体的时代要求。因此，当前加强教师职业道德建设仍然具有重要的社会现实意义。那么，新时期教师职业道德究竟应包含哪些基本内涵与时代特征呢？现阶段又发挥着怎样的功能呢？教师职业道德与个人道德修养间究竟有着怎样的内在联系和区别呢？它对教师个人成长、职业发展起着什么作用？本专题，我们将进行系统阐述分析。

案例导航

扎根乡村36年的最美教师——支月英

2016年2月8日20时，感动中国2016年度人物颁奖盛典在中央电视台综合频道播出，宜春市奉新县扎根乡村36年的最美教师支月英光荣当选感动中国2016年度人物。

感动中国2016年度人物评选组委会给支月英的颁奖词是："你跋涉了许多路，总是围绕着大山；吃了很多苦，但给孩子们的都是甜。坚守才有希望，这是你的信念。三十六年，绚烂了两代人的童年，花白了你的麻花辫。"

支月英，江西省宜春市奉新县澡下镇白洋教学点教师。1980年，江西省奉新县边远山村教师奇缺，时年19岁的南昌市进贤县姑娘支月英不顾家人反对，远离家乡，只身来到离家200多公里，离乡镇45公里，海拔近千米且道路不通的泥洋小学，成了一名深山女教师。36年来支月英坚守在偏远的山村讲台，从"支姐姐"到"支妈妈"，教育了大山深处的两代人。

"不是看到希望才坚守，而是只有坚守才能有希望"。母亲从老家来学校看她，看到女儿步行20多里到山下接自己，心疼不已。支月英对母亲说："这里山好，水好，村民朴实善良。"母亲心疼地说："你就净说好！"她只是望着母亲笑。其实她心里装满了对亲人深深的愧疚，她何尝不想尽享天伦之乐，但她更愿意把爱意播撒在这青山绿水间，让这份爱生根发芽，承载起贫瘠山村的绿色希望。在颁奖现场，当记者连线支月英时，她用朴素的语言告诉记者："我就是一个非常平凡的人，做着一件平凡的事，我不是因为看到希望才坚守，而是因为只有坚守才能有希望。”

一人一校多次婉拒调任。既是校长、老师，又是保姆，上课教书、下课照应学生玩耍。家里人担心她的身体，总是说：“你也年过半百了，身体又不好，别的老师都往山外调，而你还往更远的深山里钻。”她乐呵呵地说：“如果人人都向往山外，大山里、山旮旯里的孩子谁来教育，山区教育谁来支撑。”各级领导关心她，几次要给她调换工作，但她每次都婉言拒绝。

“我亏欠了自己孩子，但我有了更多的孩子”。支月英其实也有自己的孩子，但为了山里的孩子们，她选择了亏欠。“这么多年来，我亏欠了孩子太多，但为了山里的孩子，我只能祈求孩子的原谅，因为我放不下山里的孩子们，他们也是我的孩子。”支月英略带哽咽地说出这番话，“不过我的孩子现在已经完全理解我了，并且也非常支持我。”“我只希望山里的孩子们，能好好学习，走出大山，实现自己的人生理想。”这就是支月英对孩子们最大的希望。

（资料来源：中国江西网，2017 年 2 月 9 日。）

思考：

支老师的事迹启发我们反思，当代社会要成为一名好老师应当具备哪些基本的职业道德素养？

2014 年 9 月 9 日，习近平总书记在看望北大师生时号召广大教师做有理想信念、有道德情操、有扎实学识和有仁爱之心的“四有”好老师。其中有道德情操要求好老师应该取法乎上、见贤思齐，不断提高道德修养，提升人格品质，并把正确的道德观传授给学生。由此可见，良好的职业道德素养是国家和社会评价教师的重要标准之一。陶行知先生也曾说过：“要学生做的事，教职员躬亲共做；要学生学的知识，教职员躬亲共学；要学生守的规则，教职员躬亲共守。”[①]因此，教师必须具有良好的职业道德，不断加强师德修养。师德是教师在从事教育劳动中所应遵循的道德观念、行为规范的总和。

一、道德的内涵、特征和功能

在人们的认识中，道德通常指的是个人按照一定的规矩和规范长期身

① 江立忠：《从陶行知教育思想看新形势下师德建设》，《探索》，2011 年第 10 期。

体力行后在内心有所得的东西，认为“发明本心”、“致其良知”就是道德。然而中国社会的道德并不仅仅指向内心，其产生、发展始终遵循两条路线：一条强调道德成为社会的意识形态和行为规范，如传统社会的“三纲五常”；另一条强调道德旨在提升个人的品性修为。这就是说，道德除将诉求指向自身的“反身内省”外，还谋求指向社会的“道德立法”。由此可知，与西方的道德内涵相比，中国社会的“道德”一词兼顾西方社会的道德和伦理。虽然中国自古也有“伦理”一说，但基本局限于书面语的使用。西方社会的道德是指个体品性，是个人的主观修养与探索，是主观法；伦理是指客观的伦理关系，是客观法。[①]

概而言之，西方的伦理是从社会的角度提出处理人与人之间关系的规范，伦理的根源产生于社会利益冲突。道德则是从个体的角度强调身体力行而后有所得，道德的根源在于人心。由此可以看出中国的道德是西方的伦理与道德的含义之和。

（一）道德的内涵与特征

道德是一种社会现象，是人们共同生活及其行动的准则、规范。它作为一种社会意识形态，一种观念性的规范体系，广泛地存在于我们的社会生活之中。

1. 道德的内涵

道德是由一定社会的经济关系所决定的特殊意识形态，是以善恶为评价标准，依靠社会舆论、传统习惯和内心信念维系的，调整人与人之间、人与社会之间关系的行为规范的总和。“道德”概念随着社会实践的发展和人们认识能力的提高而不断完善。

道德是以传统习惯、内心信念和社会舆论为支撑，为缓解和协调不同社会成员在利益、观念等方面的矛盾和冲突，维持社会的正常运转，实现社会成员最大化的共识和共赢，而在一定社会背景下所形成的观念性价值判断体系、相关的行为规范体系及由之塑造的生活方式。

---

① 吴毅松：《有效性：教学情境的价值回归》，《小学教学设计》，2007 年第 1 期。

道德是人类生活所特有的，以善恶为标准，通过宣传教育、社会舆论、传统习俗和内心信念来调整人与人、人与社会、人与自然之间关系的行为规范的总和。道德是在一定社会物质生活条件基础上产生的，因此，它是用以调节人与人之间利益关系的行为规范。作为上层建筑的重要组成部分，不同时代、不同阶级有着不同的道德观念标准。

2.道德的特征

第一，道德具有规范性。人类把握世界的三种主要方式为科学、艺术和道德，道德并不是与科学、艺术分离的，而总是把对真、善、美（即科学、艺术、道德）的理想追求，包括在自己的规范之中。道德的这种规范性，使它成为人们行为不可替代的指南。

第二，道德体系的多层性。社会生活中人们社会关系的多层次性必然促成道德关系的多层次性、人们对道德要求的多层次性，因而道德体系也呈现出多层次性。社会各阶级的道德体系中，除有表示远大目标的、示范性的道德理想外，还有一些体现眼前道德要求的具体道德规范。由此，道德体系中崇高的道德规范与一般的具体道德规范，构成了道德多层次性的特征。同时，道德还有广泛的社会性。道德广泛的社会性主要表现在道德与人类社会共始终，渗透于各种社会关系、人们的一切思想行为之中。

第三，道德具有相对稳定性。道德与其他社会意识形态一样，随着社会经济关系的变化而变化，具有历史发展性。同时，它又有不同于其他社会意识形态的特殊稳定性。通常，道德和法律被认为是维护社会正常秩序的两种最重要的规范。

（二）道德的功能

道德的功能是道德对人类生存发展的功效及其意义。道德以自己特殊的职能和特有的方式，反作用于社会经济基础和整个社会生活，表现出巨大的能动作用，道德的社会价值正是通过道德功能来实现的。道德的功能归纳起来主要有四个方面：

第一，道德的认识功能。在现实社会中，道德能帮助人们认识个人与社会、个人与他人、个人与自然之间的关系。道德的认识功能立足于解决一个“知”的问题。在这一层面，道德是一种认知，是人们认识和改造社会、认识自我和创造人生的指南。

第二，道德的调节功能。道德的调节功能立足于解决一个“行”的问题。人们生活在社会中，总要与周边的人或物发生这样或那样的关系和联系。因此，不可避免会出现矛盾。对于非对抗性的矛盾，就需要道德加以调节，即通过社会舆论、风俗习惯、内心信念、自己的善恶观念等去调节。它以“应该怎么样”为尺度，来衡量和评价人们行为的现状，并力图使人们的行为现状符合“应当”的尺度。

第三，道德的评价功能。道德评价是一种巨大的社会力量，是人们内在的意志力量。道德是人们通过将周围的社会现象判断为“善”与“恶”而实现的。它有利于培养人们良好的道德意识、道德品质和道德行为，树立正确的义务、荣誉、正义和幸福等观念。

第四，道德的服务功能。道德是一定社会经济关系的产物，反过来又为产生它的社会经济关系服务。所以，道德的服务功能立足于解决一个“用”的问题。从道德的产生可以看出，道德是随着社会的进步与发展，因人们生活的需要，在一定经济基础上产生的，它反过来又为经济基础和人们生活服务。任何道德都是用自己的标准来评价一定的社会经济关系、社会经济状况的合理性，而对于危害它的社会关系的思想和行为加以否定。所以，道德为产生它的社会经济关系服务，并通过一定的道德标准、道德规范推动社会的发展、进步。

道德作为一种社会意识形态，其最主要的功能在于规范人们的思想与行为，重点规范人们的思想，对社会的运行发挥着重要影响。通常情况下，人们所说的道德是指被特定的社会所普遍认可、具有引领作用的行为准则，是对人们思想与行为的最高要求。对于个人来说，外在的社会道德只有转化为内在的个人品德才能真正发挥作用，而这种转化是一个逐步提高的过程，不能要求个人短期内达到最高道德要求的水平，所以，对于道德规范，国家、社会或团体只能提倡与鼓励，不能强迫，对达不到最高道德要求和明显违反道德规范的人，在处罚力度上也要比较宽容，处罚的办法主要有舆论谴责(他律)和自我反省(自律)两种方式。相对于法律与纪律来说,道德规范的处罚力度最“软”,所以,道德是一种“软规范”。

二、职业道德与教师职业道德

我国一般把道德分为社会公德、职业道德与家庭美德三种。社会公德和家庭美德是对全体社会成员提出的思想与行为规范,要求人人遵守;职业道德是针对从事特定职业和行业的人群提出的,它要求特定职业的从业人员在遵守社会公德的基础上达到更高、更具体的道德要求。一般来说,某一职业在社会中的作用越大,其职业道德就越重要,其职业道德要求就越高。

(一)职业道德的内涵与特征

对教师职业道德的理解通常取决于对职业道德的认识。职业道德是一般社会道德的特殊表现形式,是社会道德的组成部分。它从道义上规定人们以什么样的思想、感情、态度、作风和行为对待本职工作,以及在待人、接物、处事方面所应履行的职责。

1.职业道德的内涵

职业道德是从业者在职业活动中应该遵循的符合自身职业特点的职业行为规范,是人们通过学习与实践形成的优良职业品质,它涉及从业人员与服务对象、职业与职工、职业与职业之间的关系。

职业道德是从具体的职业规定性出发的内在性规范。职业道德是具体的,须根据职业的特殊内涵来加以具体化。职业道德在整个社会道德体系中占有重要地位。它是社会道德原则和道德要求在职业领域的具体化,在职业活动有序进行的过程中发挥着重要作用。正如恩格斯所说:“实际上,每一个阶级,甚至每一个行业,都各有各的道德。”[①]

职业道德需要对行业行为加以规范。在分工化的社会中,每个行业都是社会整体生产和运行体系的组成部分,担负着特定的社会职能。只有每

---

① 《马克思恩格斯全集》,第 21 卷,北京:人民出版社,1982 年,第 333 页。

个行业都有效履行了“行业角色”的职能，社会才能正常运转。任何一个行业“失职”，都可能引发连锁效应的社会问题。除职业与社会的关系之外，调节职业与职业之间的关系也是职业道德的重要职能。在高度分工的现代社会，各行各业的职能之和，形成了完整的社会职能。行业与行业之间，形成了“上游”与“下游”的紧密关系。

2. 职业道德的特征

第一，职业道德具有稳定性和连续性的特点。职业道德的特点在于每种职业都有其特殊的道德内容。职业道德的内容往往表现为某一职业所特有的道德传统和道德准则。一般来说，职业道德所反映的是本职业的特殊利益和要求，而这些利益和要求是在长期反复的职业实践中形成的。不同民族有各具特色的职业生活方式，从事特定职业也有其特定的职业生活方式。这种由不同职业、不同生活方式长期积累形成的相对稳定的职业心理、道德传统、道德观念以及道德规范、道德品质，则使得职业道德具有相对连续性和稳定性的特点。

第二，职业道德具有专业性和有限性的特点。道德是调节人与人之间关系的一种价值体系。鉴于职业的特点，职业道德调节的范围主要限于本职业的成员，而对于从事其他职业的人就不一定适用。这就是说，职业道德调节的主要是从事同一职业的人员的内部关系以及本行业从业人员同其服务对象之间的关系。

第三，职业道德具有多样性和适用性的特点。由于职业道德是依据本职业的业务内容、活动条件、交往范围以及从业人员的承受能力而制定的行为规范、道德准则，所以职业道德是多种多样的，有多少种职业就有多少种职业道德；但是，每种职业道德又须具有具体、灵活、多样、明确的特点，以便职工记忆、接受和执行。

(二)教师职业道德的内涵、特征与功能

教师职业道德指教师职业的道德而非教师的道德。《国家中长期教育改革和发展规划纲要(2010～2020年)》在“加强师德建设”的条目中指出，要“加强教师职业理想和职业道德教育，增强教师教书育人的责任感和使命

感”。教师职业道德，是教师在从事教育教学活动时所应遵循的行为规范和必备品德。[①]

1. 教师职业道德的内涵

教师职业道德，简称“师德”，是教师和一切教育工作者在从事教育活动中必须遵守的道德规范和行为准则，以及与之相适应的道德观念、道德情操和道德品质。

教师职业道德由两部分因素复合而成：一部分是教书育人的基本素养，另一部分是履行教师职业的特殊素养，二者融为一体，构成教师职业道德。陶行知先生认为，教师职业道德主要包括献身教育、追求真理、创造革新、以身作则、团结协作等内容。

那么教师职业道德与个人道德修养间究竟有着怎样的内在联系和区别呢？教师职业的特点和性质决定教师必须做人之楷模，因为师德不仅是对个人行为的规范要求，而且起着以身立教的作用。陶行知先生“捧着一颗心来，不带半根草去”师德修养的光辉思想，在新时期仍有重要的借鉴价值和极强的指导意义，这种奉献精神应该发扬光大。在实施“科教兴国”、“以德治国”方略过程中，广大教师辛勤耕耘、无私奉献，作出了很大贡献。

由于中国社会道德同时遵循“反身内省”和“道德立法”两条路线，因此，人们在对道德对象和道德内容进行识别时出现了混乱。教师职业道德在概念使用、执行评价等方面也面临这一问题。人们在对教师职业道德进行社会评价的过程中，一方面追求规则的外在约束性，要求教师职业道德能在教育活动中得到全面履行；另一方面又认同“道德是内在要求”，赞美、向往教师“道德完人”的形象。

2. 教师职业道德的特征

职业道德作为道德的基本类型，具备道德的一般特点。而在职业道德中，教师职业道德又具有不同于一般职业道德的特殊性，具体表现在以下几个方面：

---

① 王兰英、黄蓉生：《教师职业道德》，北京：高等教育出版社，2000年，第35页。

第一，教师职业道德更具先进性。教师的专业技术水平是提高讲课水平的要素，教师的思想境界是端正教学方向的保障。教师担负着培养下一代的重任，在向学生传授文化知识的同时，应对他们进行思想品德教育，培养他们树立正确的人生观、世界观、价值观，让他们掌握无产阶级的唯物史观，运用马克思列宁主义、毛泽东思想和邓小平理论的基本立场、观点和方法去分析问题、解决问题。可以说，教师自身的人生观、世界观在某种意义上直接影响一个学生、一代人，甚至是一个国家的未来。从此种意义上看，社会对师德的要求相比对其他职业在道德内容上的要求更高。

第二，教师职业道德更具典范性。这是因为教师所面对的是一个活生生、思维敏捷的特殊群体，教师的一举一动、一言一行，对学生都有着潜移默化的影响。教师的行为往往是学生行为的先导。

第三，教师职业道德有着更大的自觉性。身教最为贵，行知不可分，教师应为人师表，起表率作用。教师的表率作用具体表现为：无论是在校内还是在社会公共场所，在学生面前还是在面对陌生人时，教师都能遵守公共秩序，讲究道德。要求学生做到的，教师自己首先要做到。此外，教师要有更高的思想境界和道德品质。要有学而不厌、诲人不倦的精神。教师这种严于律己、以身作则的品质，体现了教师职业道德更大的自觉性。

3.教师职业道德的功能

教师职业道德对教师工作有着推动、调节、评价等功能，对教育对象则有着重要的教育作用。当教师按照教师职业道德行动时，道德要求就会变得具体化、人格化，学生也会受到启迪和教育，潜移默化地形成教师所期望的良好思想品德。这样，教师教育就会增强可信度、吸引力和有效性，发挥对社会文明的示范作用和对教师修养的引导作用。

第一，动力功能。教师职业道德的动力功能：一是以教师职业道德规范为准则，通过树榜样等方式，塑造理想的职业人格，从而使教师为追求并实现高尚的职业品质而努力，推动他们向社会所要求的方向发展。二是教师职业道德理想为教师的职业行为提供道德价值的追求目标，向教师展示完善的职业道德人格应具有的精神风貌。

第二，调节功能。首先，教师职业道德的调节功能，是通过社会舆论的道德评价来实现的。教师的职责是教书育人。然而，怎样教书，把学生培养成什么样的人，不是教师根据自己的意愿随意而为的，而是必须按社会的要求和学生身心发展规律来进行。因此，教师的职业行为必须接受社会的监督，当教师的行为符合教师职业道德要求并产生良好的社会效果时，就会受到社会舆论肯定的评价，这种肯定的评价会让教师体验到光荣、美好、愉快等心理感受，从而对教师起到鼓励、鞭策的作用，促使教师继续坚持选择良好的道德行为方式。其次，教师职业道德的调节功能，还要通过教师个体内在精神力量的作用得以实现。在社会舆论的长期、反复作用下，教师职业道德逐渐由对教师外在的要求转化为教师个体的内在需要，成为教师人格的一部分。这是教师职业道德通过教师的良心、义务感等来调节教师的个体行为。

第三，教育功能。中国古代教育家孔子在谈到教师职业行为对学生的影响时说："其身正，不令则行；其身不正，虽令不从。"说明教师的行为符合道德规范——"身正"，就会对学生产生教育作用。在知识方面，教师可以传授学生书本知识，而在思想品德、行为习惯等方面，教师对学生的教育若仅停留在理论上是不够的，教师还必须成为学生学习的榜样。学生可以从教师的道德、思想品行中学到为人处世的方式、方法，当教师按教师职业道德严格要求自己，即教师将对学生的抽象规范和要求具体化到自己的行为中时，学生可以从形象性、人格化的榜样身上受到启迪和教育，从而增强教育的可信度、吸引力和有效性。

第四，评价功能。教师职业道德是社会为培养现代化建设人才而对教师工作提出的道德要求。这些道德要求及实施规范，也是社会、学校和教师自己对教师工作进行价值判断的标准之一。教师工作是伴随教师具体的职业行为而展开的。这些行为是否符合社会要求，是否符合教育规律，是与教师所遵循的职业道德原则相联系的。当评价者对教师的工作进行评价时，也必然将一定的教师职业道德规范作为尺度或标准来衡量，并进行是非、善恶、优劣等价值判断，分析判断结果，从而达到对教师工作评价的目的。

第五，示范功能。教师职业道德具有示范功能，不仅体现在学校教育的过程中，而且直接或间接地体现在社会生活的各个方面。教师职业道德被教师所接受，便会规范教师的言行举止，在社会文明方面发挥示范效应，使教师成为各行各业人员效仿的楷模。

三、教师职业道德与教师发展

在当代中国，教师职业仍然被看成一个高起点、高标准、高素质、高境界的职业。当人们谈到教师的职业特征时，首先关注的就是教师应具有良好的职业道德。然而，随着市场经济的快速发展与社会的日趋多元化，教师越来越感受到难以承受的道德负重。

(一)教师职业道德与教师专业发展

教师职业道德是教师专业发展的核心内容，是教师专业发展的动力支持，教师职业道德的提升是更高层次的教师专业发展。加强教师职业道德建设是推进教师专业发展的必然需求。有效的教师职业道德建设应与教师专业发展相结合，应关注教师的职业生活，重视教师的需要，突显教师的主体性。

1.教师职业道德是教师专业发展的核心内容

要促进教师专业发展，首先应明确“专业”的基本特征。相关研究表明，“专业”具有如下特征：有自主权利的专业团体与明确的职业道德；有高度专门的知识与技能并自觉使其发展；有服务和奉献精神。可以看出，具有职业道德与服务、奉献精神，是使一种职业成为专业的重要特征之一。换句话说，一种职业的专业化发展，必须有职业道德的规范和提升，否则很难实现真正的专业发展。一个人选择或从事一种专业不仅要拥有专门的知识与技能，而且要具备该专业的职业道德。对于一名教师来说，即使拥有良好的专业知识和高超的教学技能，但如果没有赢得家长及社会的信任和尊重，缺乏应有的职业道德及专业情感，仍不能称为专业教师。由此可见，教师职业道德是教师专业发展的核心内容。

2.教师职业道德是教师专业发展最重要的动力支持

教育教学不仅是拥有知识与技能的专业，还是生命与生命之间交流对话，引领个体向真、趋善、向美发展的专业。教师专业发展的过程是师生共同感悟生命的价值，实现自身生命价值的过程。教师专业发展的根本动力不是来自外部的规约，而是源自自身的内驱力，即教师对生命的感悟、激情和创造等内在因素。而这些内在因素的激活需要教师职业道德作动力支持。教师职业道德能激发教师对教育事业的热爱，能激发教师对教育、对生命价值的感悟，能让教师的职业生命永葆活力，为教师专业发展提供内在动力。教师专业发展的最终目的是，促进学生的全面可持续发展。而学生的全面可持续发展，不仅是获取知识，而且是完善人格以及形成良好的品德。就是说，教师不仅要用知识去影响学生，还要以自身的人格力量去感染学生。而教师人格的完善、品格的提升，主要是通过提升教师职业道德来实现的。

3.教师职业道德的提升是更高层次的教师专业发展

教师职业道德的建设就是帮助教师确立坚定的职业信念和远大的职业理想的过程。将教师专业发展仅理解为专业知识与技能的发展，理解为教好书，这种认识是肤浅的。我们应追求更高层次的专业发展，那就是使教师具有深邃的教育理念和博大的师爱，形成坚定的职业信念，建构自己的教育哲学，培育个性化的教育风格，将教育看作终生追求的事业，实现专业自主发展。尤其在当今社会，市场经济高度发展，基础教育课程改革日趋推进，社会对教育的要求日益多元化和精致化，使得教师的工作更为复杂，职业压力加大，职业生存状况堪忧。此种情况下，教师要从一位以教书为职业的谋生者转变为一个以教育为追求的价值实现者，成为现代意义上的“专业型”教师，就必须有坚实的职业道德作支撑。只有这样，教师才能站在理性的高度，不迷失方向，才能达高致远。因此，更高层次的教师专业发展应是专业理想、专业信念的确立，以及专业品质的提升，而专业品质的提升是以教师职业道德的提升为核心内容的。

（二）教师职业道德与教师职业发展

从现实的师德发展现状来看，我们必须明确教师职业道德是与教师职业相关的道德，而不是一般性的个人道德，它与一般性的个人道德有时甚至是矛盾和冲突的。一般情况下，教师职业道德也是教师个人道德的一部分，个人道德水平越高，职业道德水平也就越好。然而，在具体的教育过程中，教师的个人道德与职业道德标准常常不尽相同，个人道德水平并不一定代表职业道德水平。如果教师的教育行为对社会或学生造成伤害，其个人再具有奉献精神也不能被视为正当的教育行为。[①] 因此，教师职业道德与教师职业发展间有着密切的内在关系。

众所周知，中国很早就倡导“师道尊严”、“天地君亲师”、“尊师重教”的观念。由此可见，教师的职业道德水平决定着其职业尊严。“教师是什么样的人要比他教授什么更为重要”。毫无疑问，教师的言行举止只要有悖于师德规范的要求，其职业尊严必然会受到威胁和挑战。正如孔子所言：“其身正，不令而行；其身不正，虽令不从。”在我国著名学府——堪称中国教育事业“圣地”的北京师范大学校园里，至今仍矗立着一块由著名书法家启功先生书写的校训碑：“学为人师，行为世范。”这八个大字既是对教师职业本质的精确概括，又是对教师提出的最严格要求。学校在对教师进行管理和师德教育中，重要的不在于使教师掌握多少新的道德理念，而在于引导教师不断自主构建职业道德，使职业道德规范不再是对教师的束缚与限制，而成为教师职业活动获得成功之动力，成为教师享受职业尊严与欢乐之向导。这样，教师才能成为真正意义上的“履行教育教学职责的专业人员”。马克思在论述职业选择时提出著名的论断：“能给人以尊严的只有这样的职业——在从事这种职业时，我们不是作为奴隶般的工具，而是在自己的领域内独立地进行创造。”正是对教师劳动的创造性要求，“让我们找到教师职业对于社会而言的外在价值，与对于从业者而言的‘内在生命价值’之间统一的基点，找到了教师可能从中获得‘外在’与‘内在’相统一的尊严与欢乐的源泉”。

由此可见，随着教师职业生命质量的不断提高，教师职业外在尊严的获得与内在尊严的享有逐渐走向统一，教师职业也成为充满道德魅力的职业，每一位从业者从中所享受到的是愉悦感、自豪感和荣誉感。

---

① 薛晓阳：《教师职业道德建设的“专业化”及问题思考》，《教师教育研究》，2012 年第 1 期。

资料卡片

习近平：做党和人民满意的好老师

——同北京师范大学师生代表座谈时的讲话(2014 年 9 月 9 日)(节选)

每个人心目中都有自己好老师的形象。做好老师，是每一个老师应该认真思考和探索的问题，也是每一个老师的理想和追求。我想，好老师没有统一的模式，可以各有千秋、各显身手，但有一些共同的、必不可少的特质。

第一，做好老师，要有理想信念。陶行知先生说，教师是“千教万教，教人求真”，学生是“千学万学，学做真人”。老师肩负着培养下一代的重要责任。正确理想信念是教书育人、播种未来的指路明灯。好老师心中要有国家和民族，要明确意识到肩负的国家使命和社会责任。

我们的教育是为人民服务、为中国特色社会主义服务、为改革开放和社会主义现代化建设服务的，党和人民需要培养的是社会主义事业建设者和接班人。好老师的理想信念应该以这一要求为基准。广大教师要始终同党和人民站在一起，自觉做中国特色社会主义的坚定信仰者和忠实实践者，忠诚于党和人民的教育事业，自觉把党的教育方针贯彻到教学管理工作全过程，严肃认真对待自己的职责。要注重加强中国特色社会主义理论体系的学习，加深对中国特色社会主义的思想认同、理论认同、情感认同，不断增强道路自信、理论自信、制度自信，积极引导学生热爱祖国、热爱人民、热爱中国共产党。好老师应该做中国特色社会主义共同理想和中华民族伟大复兴中国梦的积极传播者，帮助学生筑梦、追梦、圆梦，让一代又一代年轻人都成为实现我们民族梦想的正能量。

广大教师要用好课堂讲坛，用好校园阵地，用自己的行动倡导社会主义核心价值观，用自己的学识、阅历、经验点燃学生对真善美的向往，使社会主义核心价值观润物细无声地浸润学生们的心田、转化为日常行为，增强学生的价值判断能力、价值选择能力、价值塑造能力，引领学生健康成长。

第二，做好老师，要有道德情操。老师的人格力量和人格魅力是成功教育的重要条件。“师也者，教之以事而喻诸德者也”。老师对学生的影响，离不开老师的学识和能力，更离不开老师为人处世、于国于民、于公于私所持的价值观。广大教师必须率先垂范、以身作则，引导和帮助学生把握好人生方向，特别是引导和帮助青少年学生扣好人生的第一粒扣子。

“师者，人之模范也”。教师的职业特性决定了教师必须是道德高尚的人群。合格的老师首先应该是道德上的合格者，好老师首先应该是以德施教、以德立身的楷模。师者为师亦为范，学高为师，德高为范。老师是学生道德修养的镜子。好老师应该取法乎上、见贤思齐，不断提高道德修养，提升人格品质，并把正确的道德观传授给学生。

师德是深厚的知识修养和文化品位的体现。师德需要教育培养，更需要老师的自我修养。做一个高尚的人、纯粹的人、脱离了低级趣味的人，应该是每一个老师的不懈追求和行为常态。好老师要有“捧着一颗心来，不带半根草去”的奉献精神，自觉坚守精神家园、坚守人格底线，带头弘扬社会主义道德和中华传统美德，以自己的模范行为影响和带动学生。

好老师的道德情操最终要体现到对所从事职业的忠诚和热爱上来。好老师应该执着于教书育人。我们常说干一行爱一行，做老师就要热爱教育工作，不能把教育岗位仅仅作为一个养家糊口的职业。有了为事业奋斗的志向，才能在老师这个岗位上干得有滋有味，干出好成绩。如果身在学校却心在商场或心在官场，在金钱、物欲、名利同人格的较量中把握不住自己，那是当不好老师的。老师要有“衣带渐宽终不悔，为伊消得人憔悴”的精神，兢兢业业做好工作。做老师，最好的回报是学生成人成才，桃李满天下。

第三，做好老师，要有扎实学识。老师自古就被称为“智者”。俗话说，前人强不如后人强，家庭如此，国家、民族更是如此。只有我们的孩子们学好知识了、学好本领了、懂得更多了，他们才能更强，我们的国家、民族才能更强。

扎实的知识功底、过硬的教学能力、勤勉的教学态度、科学的教学方法是老师的基本素质，其中知识是根本基础。学生往往可以原谅老师严厉刻板，但不能原谅老师学识浅薄。“水之积也不厚，则其负大舟也无力。”知识储备不足、视野不够，教学中必然捉襟见肘，更谈不上游刃有余。

国外有教育家说过：“为了使学生获得一点知识的亮光，教师应吸进整个光的海洋。”在信息时代做好老师，自己所知道的必须大大超过要教给学生的范围，不仅要有胜任教学的专业知识，还要有广博的通用知识和宽阔的胸怀视野。好老师还应该是智慧型的老师，具备学习、处世、生活、育人的智慧，既授人以鱼，又授人以渔，能够在各个方面给学生以帮助和指导。

陶行知先生说：“出世便是破蒙，进棺材才算毕业。”这就要求老师始终处于学习状态，站在知识发展前沿，刻苦钻研、严谨笃学，不断充实、拓展、提高自己。过去讲，要给学生一碗水，教师要有一桶水，现在看，这个要求已经不够了，应该是要有一潭水。

第四，做好老师，要有仁爱之心。教育是一门“仁而爱人”的事业，爱是教育的灵魂，没有爱就没有教育。好老师应该是仁师，没有爱心的人不可能成为好老师。高尔基说：“谁爱孩子，孩子就爱谁。只有爱孩子的人，他才可以教育孩子。”教育风格可以各显身手，但爱是永恒的主题。爱心是学生打开知识之门、启迪心智的开始，爱心能够滋润浇开学生美丽的心灵之花。老师的爱，既包括爱岗位、爱学生，也包括爱一切美好的事物。

有人说，好老师的眼神应该是慈爱、友善、温情的，透着智慧、透着真情。好老师对学生的教育和引导应该是充满爱心和信任的，在严爱相济的前提下晓之以理、动之以情，让学生“亲其师”、“信其道”。好老师要用爱培育爱、激发爱、传播爱，通过真情、真心、真诚拉近同学生的距离，滋润学生的心田，使自己成为学生的好朋友和贴心人。好老师应该把自己的温暖和情感倾注到每一个学生身上，用欣赏增强学生的信心，用信任树立学生的自尊，让每一个学生都健康成长，让每一个学生都享受成功的喜悦。

有爱才有责任。好老师应该懂得，选择当老师就选择了责任，就要尽到教书育人、立德树人的责任，并把这种责任体现到平凡、普通、细微的教学管理之中。正是因为爱教育、爱学生，我们很多老师才有了用一辈子备一堂课、用一辈子在三尺讲台默默奉献的力量，才有了在学生遇到危难时挺身而出的勇气，才有了敢于攻克新知新学的锐气。老师责任心有多大，人生舞台就有多大。

老师还要具有尊重学生、理解学生、宽容学生的品质。离开了尊重、理解、宽容，同样谈不上教育。“学而不厌、诲人不倦”，有教无类，因材施教，教也多术，就是要求老师具有尊重、理解、宽容的品质。这本身就是一种伟大的教育力量。受到尊重、得到理解、得到宽容，是每一个人在人生各阶段都不可缺少的心理需要，儿童和青少年更是如此。一些调查材料反映，尊重学生越来越成为好老师的重要标准。好老师应该懂得既尊重学生，使学生充满自信、昂首挺胸，又通过尊重学生的言传身教教育学生尊重他人。

世界上没有两片完全相同的树叶，老师面对的是一个个性格爱好、脾气秉性、兴趣特长、家庭情况、学习状况不一的学生，必须精心加以引导和培育，不能因为有的学生不讨自己喜欢、不对自己胃口就冷淡、排斥，更不能把学生分为三六九等。对所谓的“差生”甚至问题学生，老师更应该多一些理解和帮助。老师在学生心目中具有重要位置，老师无意间的一句话，可能造就一个天才，也可能毁灭一个天才。好老师一定要平等对待每一个学生，尊重学生的个性，理解学生的情感，包容学生的缺点和不足，善于发现每一个学生的长处和闪光点，让所有学生都成长为有用之才。

好老师不是天生的，而是在教学管理实践中、在教育改革发展中锻炼成长起来的。衷心祝愿每个教师都能成为符合党和人民要求、学生喜欢和敬佩的好老师，希望每个孩子都能遇到好老师。

思考训练

1. 教师职业道德的特殊性有哪些？
2. 如何认识教师职业道德与个人道德修养的关系？
3. 如何正确认识和处理教师职业道德的个人功能与社会功能的关系？

专题二

教师职业道德原则

学习指南

1. 了解教师职业道德原则的含义及特征。
2. 了解教师职业道德原则的地位和作用。
3. 掌握教师职业道德的基本原则，有教书育人原则、人格示范原则和教育人道主义原则等，了解这些基本原则的作用和基本要求，学会在教育实践中很好地遵循这些原则，以实现教育的目的。
4. 通过一些案例，反思自己的教育教学工作以及自己的工作态度；努力按照教师职业道德原则的基本要求去规范自己的教育教学行为，争取做学生心目中有分量的老师。

问题驱动

在教育实践活动中，为了调整实践活动中的各种关系，保证教育活动的有序开展，教师必须遵循一定的道德原则。教师职业道德原则在教师职业道德体系中居于主导地位，它既决定着教师一切道德活动的方向，又赋予教师的一切道德活动以动力。那么什么是教师职业道德原则呢，其地位和特征又是怎样的？教师在教育实践活动中到底要遵循怎样的道德原则，教师职业道德每一个原则有什么样的作用和要求呢？本专题，我们将进行系统阐述。

案例导航

忠诚，写在信仰的旗帜上

它可以让一个人，六十七载如一日，像一名战士，冲锋在马克思主义理论研究宣传第一线；

它可以让一个人，退休之后，培养出博士49名，出版著作、教材40余部，发表论文200余篇；

它可以让一个人，鲐背之年，满怀使命担当开始研究习近平新时代中国特色社会主义思想；

……

以身许党，赤胆忠心；高山仰止，景行行止。

他，就是我国著名中共党史学家、马克思主义中国化研究的重要开拓者和奠基人，被誉为“红色理论家”的东北师范大学原副校长郑德荣。

“实践其所信，励行其所知”。郑德荣始终与党同心同向同行，一生见证中华民族站起来、富起来、强起来，毕生“在马言马、懂马信马、传马护马”，直到生命的最后一刻，把忠诚书写在信仰的旗帜上。

追梦

“一开始接触马克思列宁主义，就坚信不疑了，我一定要站在真理这一边”。吉林长春，北国春城。伟岸质朴的长白秀色、清新旖旎的净月风光，让人流连忘返。时光倒转。

20世纪30年代，少年郑德荣眼中的故土，却是“瓜剖豆析、山河破碎”。每一次目睹日伪政权的暴行，郑德荣都深深体味到受人欺凌的耻辱。一颗年轻的心时时拷问自己："到底怎样才能救积贫积弱的中国?"一粒渴盼国家独立富强的种子，悄悄发了芽。

真理的光芒是耀眼的。1948年，伴随着解放战争的隆隆炮声，早已厌恶在"国统区"读大学的郑德荣，毅然决然投奔解放区，跨进了中国共产党在东北创建的第一所综合性大学——东北大学(东北师范大学前身)。"解放区的天是明朗的天"，那里的一切，都让他感到新鲜，"有一种'新生'的感觉"。"公木先生，那可是大人物呐!"多年后，郑德荣依然忘不了，这位"大人物"身穿一件旧棉袄，腰扎一根草带子，手拎一个白铁壶，一边倒水喝、一边用大白话讲解《中国革命与中国共产党》，"哎，既有真理性，又有吸引性，大家都愿意听，入耳、入脑、入心。""共产党里有大学问家!"郑德荣内心激荡不已，"一开始接触马克思列宁主义，就坚信不疑了，我一定要站在真理这一边!""红色熔炉"锻造，奠定信仰基石。刻苦学习，顺利留校，郑德荣幸运地被分配到中国革命史直属教研室任教，教研室的创立者是无产阶级革命家、教育家、校长成仿吾。工作仅一年，朝气蓬勃的年轻人就在浓郁的红色氛围熏陶下光荣入党。从此，"郑德荣"这个名字便与中共党史研究紧紧相连，永不分离。边讲课边学习，边研究边探索，感性的认知慢慢聚拢，理性的判断渐渐升腾。

担当

干顶天立地事，做举旗亮剑人。书生报国，唯有道德文章。留校仅4年，郑德荣就出版了第一部学术著作《中国共产党是怎样诞生的》。漫长的学术生涯，郑德荣似一棵党史研究领域的常青树，苍翠挺拔。67年来，他共撰写具有重要影响的学术著作和教材50多部，发表高水平论文260多篇。

1983年，他成为全国高校中共党史学科最早的4位教授之一；

1986年，他成为全国高校中共党史学科首批3位博士生导师之一；

1991年，他带领的东北师范大学毛泽东思想研究所，在教育部直属院校147个社科研究机构的评估中名列第一；

……

"史论结合、以史立论、以论见长"，他的很多成果，提出独到见解，填补学术空白，匡正传统观点，曾得到胡乔木、胡绳等著名党史学家的充分肯定。他撰写的《毛泽东思想史稿(修订本)》，更是开创了研究毛泽东思想史科学体系的先河。

薪传

既为“经师”，更为“人师”

“才者德之资，德者才之帅。”这是郑德荣经常挂在嘴边的话，“中共党史学科的特殊性，要求研究者必须在政治上有坚定的理想信念，在思想道德上有高尚的情操，否则，就不配为一名中共党史教师。”他的博士生，都忘不了先生的第一堂课。“出乎意料，老师并不直接谈专业知识，而是问怎么看待党史专业、为什么选这个方向、将来有何打算？”王占仁回忆，先生重点谈了对“理想”“勤奋”“毅力”“进取”这四个词的理解，“这四个词是我的座右铭，每个人都有理想，作为党史专业博士生，理想一定要和党的事业联系在一起，这样才不枉费党和国家的培养；有了理想，还要靠勤奋去实现、靠毅力去坚持、靠进取去推动……”原来这第一堂课，是堂“举旗定向”“壮骨补钙”的课，解决的是“总开关”问题，为同学们系好为学为人的“第一粒扣子”。红色理论家，大爱筑梦人。在郑德荣从教65周年学术思想研讨会上，他曾动情地说道：“我人生最大的快慰有两件事：一件是科研成果给人以启迪，服务于社会；另一件是学生成长成才，青出于蓝胜于蓝。”几十年从教生涯，他始终传承“红色基因”，以大爱情怀教书育人。

眼不离书，手不离笔，心不离教。

郑德荣的书柜里，满满的都是党史书籍，地上也堆着上年头的党史资料，有些图书馆难见的党史书籍，在他家都能找到——这里，是个名副其实的“党史资料室”。

“只有大量占有第一手资料，才能做到论从史出、言之有据、严谨求实。”郑德荣要求学生有计划地大量阅读文献，一年至少阅读1000万字以上，并要求用马克思主义的立场观点方法分析文献资料。

学生，是郑德荣所钟情“红色事业”的一部分，也是他精神与感情的寄托。

郑德荣在指导博士生方面极为重视时间和精力投入，平均每周要指导低年级博士生12学时以上。每天早上，从南湖锻炼回来，郑德荣不是去吃早饭，而是操起电话，跟学生交流读书心得，“时间一长，我们的作息习惯都随他了。”学生邱潇笑言。

善于联想、富有启发性，是郑德荣的教学风格。全脱稿讲授，他的课堂生动而深透，思想的火花时时迸发。他的“提示、讨论、小结、作业”四段授课法，使博士生处于课前独立准备、课上独立思考、课后独立钻研的良性循环；

他实行的“读书、思考、讨论、答疑、交流”的开放式教学模式，逼着学生多思考、多提问、多视角分析问题。带学生，他还有一个绝招——任务带动——师徒一起攻坚写论文。“一篇论文，磨上几个月。最后，论文发表了，你也出师了。”学生刘世华教授直叹“受益匪浅”。由中国人民大学、北京师范大学、吉林大学、东北师范大学等院校教授组成的优秀教学成果鉴定委员会，曾对郑德荣作过考核鉴定：“……教学水平居于国内领先地位。该同志既教书，又育人；既能严格要求，又多方关怀学生的成长与进步；以身作则，为人师表，事迹突出，效果卓著，堪称教师中的佼佼者。”这一评价，是郑德荣既为“经师”更为“人师”的真实写照。

桃李不言，下自成蹊。郑德荣培养的49名博士，绝大多数都耕耘在马克思主义理论学科的沃土上，并成为这一领域的学术骨干和领军人才。他们犹如一颗颗红色的种子，在研究宣传马克思主义的广袤原野上生根发芽，开花结果。

鹤发仍伏枥，丹心励后学。在政法学院院长尹奎杰看来，郑德荣一直是学院学术的支撑，“考虑到先生年事已高，近年来学院不再给他安排本科课程，他坚决不同意，最后达成一致：定期给本科生作专题讲座。”党的十八大闭幕后一个月里，郑德荣就为本科生作了两场宣讲；党的十九大闭幕不久，因其行动已不便，就请同学们到家里，在客厅作了一个多小时的讲解……

黑格尔说过，同一句格言，在一个饱经风霜、备受煎熬的老人嘴里说出来，和在一个天真可爱、未谙世事的孩子嘴里说出来，含义是根本不同的。“很多道理以前都听过，但由郑先生说出来，让人信服！”本科生刘强回忆，请先生作辅导，他从不拒绝；不管多疲惫，只要登上讲台，他就异常兴奋、底气十足！慈祥的眼神里，流露着对理想信念的自信和对后辈深深的爱。每次报告结束，先生都和学生们握手，理想、信念、知识、情感就这样在代际间传递着……

繁霜尽是心头血，洒向千峰秋叶丹。2018年5月3日，92岁的郑德荣离开了这个世界。去世前，他对学生留下的最后一句完整的话是：不忘初心，坚持马克思主义！

悟初心，守初心，践初心。郑德荣常以毛泽东在1939年延安庆贺模范青年大会上的讲话教育学生，要“永久奋斗”。这句话，他做到了。

90岁生日时，郑德荣曾满怀豪情地抒发宏愿：“再过5年，当我95岁时就到了我们党建党100周年，到那时，我和你们一起庆祝党的百年华诞！”现场的弟子无不为之震撼：原来，先生的学问、勤勉、成就乃至高寿，皆源于这样的情怀与追求——把自己的生命与一个伟大的党融为一体，达致永恒……

思考：

1. 你心目中的好老师是什么样子的？

2. 教师在工作中应当坚持哪些原则？

在教育实践活动中，为了更好地调整教育实践过程中的各种关系，保证教育实践活动的正常进行，教师必须遵循一定的道德原则。作为对教师行为的基本要求和评价标准，教师职业道德基本原则在教师职业道德体系中居于主导地位。在教育实践活动过程中，教师应遵循教书育人、人格示范和教育人道主义等原则。

一、教师职业道德原则概述

（一）教师职业道德原则的含义及特征

1. 教师职业道德原则的含义

教师职业道德原则，是一定阶级和社会对教师职业道德行为提出的根本要求，是教师在教育活动中处理各种利益关系、调节和评价一切道德行为的根本规则。教师职业道德基本原则是根据社会或阶级对教师职业道德的基本要求和教师职业的实际需要提出的，是对教师职业道德要求的高度概括。

教师职业道德原则是教师职业中最根本、最具普遍性的道德规则，对建立和评价教师职业道德规范具有重要的指导意义。同时，教师职业道德原则是教师在教育活动中处理和解决各种问题必须遵循的主要规则，对教师职业道德行为具有广泛的引导功能和规范功能。教师职业道德原则不同于一般的社会道德基本原则，也不同于其他职业道德基本原则，是教师这一职业所特有的。教师职业道德与社会公共道德有着密切的联系，教师职业道德虽然反映不少社会公共道德原则和价值观，但它不是原样不动地体现社会公共道德原则，而是将其与教师职业的特有问题相结合，体现它特有的面貌。教师职业道德原则是教师职业道德与社会公共道德、其他职业道德相区别的根本所在，体现了它对教师职业最一般的道德要求。

2.教师职业道德原则的特征

(1)教师职业道德原则必须反映教师职业活动的根本特点。教师职业活动的特点很多，其最主要的特点在于它是一种培养人的特殊社会实践活动。为了实现培养人的目标，教师在其职业活动中要处理好方方面面、各种各样的关系，而核心关系就是师生关系。教育家苏霍姆林斯基认为："教育劳动的对象不是一堆无生命的自然物质，也不是一般的动物，而是具有一定的自觉意识、有情感、有理智、有意志、有思维的作为社会整体一员的活生生的人。"因每个学生都是有主体意识的个体，他们都有自己的特点，所以每个学生可能获得的发展需要和发展潜力都有所不同，每个学生可能获得的发展也会不同。教师职业道德原则是对教师正确处理师生关系要求的概括。教师的劳动不只是"单一"地传授知识，还要从培养人的目的出发，全面贯彻党和国家的教育方针和政策，不仅教书，而且要育人，这就要求教师要处理好和不同学生个体之间的关系，这是教师职业区别于其他职业的特点，教师职业道德原则必须体现这个特点。

(2)教师职业道德原则必须符合一般社会道德原则的基本要求。马克思主义哲学认为，社会存在决定社会意识，社会意识是社会存在的反映；社会存在的变化决定社会意识的变化。职业道德是社会公共生活中最一般、最普遍的行业规范和标准，它是社会道德的重要组成部分，作为一种社会意识形态，它是由社会存在决定的，并随着社会存在的变化而变化。从这个意义上来说，教师职业道德作为社会道德的一个组成部分，必须从自身的特定角度来反映社会存在的变化。社会主义教师职业道德原则必须符合社会主义道德原则的要求和方向，反映社会主义道德对教师行为的基本要求。我国已经初步确立了社会主义市场经济体制，社会主义市场经济是主体性经济，社会主义市场经济的这种主体性特征要求作为市场主体的人具有独立性、自主性和自由性。这就求教师在教育活动中要充分发挥和尊重学生的主体性，即要遵循教育人道主义原则。总之，在社会主义条件下，教师职业道德原则必须符合社会主义方向。

(3)教师职业道德原则在教师职业道德规范体系中占据主导地位。道德原则是一定社会或阶级用以调整人们之间利益关系的根本指导原则,它反映了一定社会最根本的道德要求。教师职业道德原则是对一定社会教师职业道德行为本质属性的概括,最集中地反映了教师职业活动的根本要求,表现了教师职业道德体系的本质要求和教师行为的基本方向。在教师职业道德体系中居于主导地位,对教师的职业活动行为具有普遍的指导性和严格的约束性。我国的教师职业道德原则体现了教师职业所具有的最一般、最普遍的根本要求,是教师在教育活动中处理各种利益关系、调节和评价教师一切教育行为的根本准则,对教师的思想、言论和行为具有普遍的导向功能。

(二)教师职业道德原则的地位和作用

1.教师职业道德原则的地位

道德原则是认识和处理个人利益、社会利益的基本原则,对人们的道德实践具有重要的指导意义,是道德体系的核心。同样,与一般的教师道德规范不同,教师职业道德原则是教师职业中最根本、最具普遍性的道德规则,对建立和评价教师职业道德规范具有重要的指导意义,是教师职业道德体系的核心。教师职业道德原则在教师职业道德体系中的核心地位表现在以下几方面。

(1)教师职业道德原则具有基准性。教师职业道德原则是调整教师在教育实践活动中的一切道德行为的根本指导原则,起着主导作用,是道德总纲和精髓,教师道德的其他规范和范畴,以及道德关系特殊方面的要求等,都是从教师职业道德基本原则派生出来的,都是教师道德基本原则的具体体现、展开或补充。它贯穿于教师职业道德活动的始终,是衡量和判断教师行为善恶的最高道德标准,对教师职业道德行为具有广泛的引导功能和规范功能。

(2)教师职业道德原则具有本质性。教师职业道德原则是以最普遍的形式反映着一定社会、一定阶级对教师道德提出的最根本要求,代表着该社会、该阶级在教育领域的最根本利益。教师职业道德原则不同于一般的社会道德原则，也不同于其他职业道德原则，它是教师这一职业所特有的，是教师职业道德区别于其他不同类型道德最根本、最显著的标志。

(3)教师职业道德原则具有稳定性。作为教师道德理论和实践的概括和总结，教师职业道德原则具有普遍性、相对稳定性和一贯性的特点。与教师职业道德规范相比，它是较抽象、稳定的。一般说来，经济基础、阶级关系不发生根本性变革，教师职业道德原则是不变的。但随着社会经济、政治和文化的发展，以及教师职业活动环境的变化，教师职业道德规范的具体要求应当也必然会有所调整、有所变化，而教师职业道德原则则相对比较稳定。

2. 教师职业道德原则的作用

教师职业道德基本原则、教师职业道德规范和教师职业道德范畴相互作用、相互影响、相辅相成，共同构成教师职业道德体系这一有机整体。在整个教师职业道德体系中，教师职业道德基本原则居最突出的地位。同时，教师职业道德原则反映了对教师这一职业最根本的道德要求，是教师在教育活动中处理和解决各种问题、进行道德修养必须遵循的主要规则，对教师职业道德行为具有广泛的引导功能和规范功能。

(1)指导作用。教师职业道德基本原则规定了教师道德行为总的方向和性质，贯穿于教师道德发展的全过程和教师道德活动的各个领域。因而它的指导性和约束力是最普遍的。这种最普遍的指导性和约束力，使得教师职业道德基本原则不同于一般的道德规范，它决定着整个教师职业道德体系的发展方向，在整个教师道德规范体系中占主导地位，起指导作用。

(2)统帅作用。教师职业道德基本原则是教师调整个人与他人、社会关系的根本指导原则，起统帅、灵魂作用，对教师的职业责任、职业态度、职业情感、职业行为品质、职业情操、职业形象等方面提出了基本要求。只要在教师职业范围内，这些要求都存在，并且具有共同性，它们是对所有教师的共同要求，是所有教师都应共同遵守的。

(3)裁决作用。教师职业道德基本原则对整个教师体系中的一切具体规范和范畴都具有约束力，是评价教师道德行为的最高道德准则。教师职业道德基本原则对于教师的道德行为具有最高裁决作用。

二、教师职业道德基本原则

（一）教书育人原则

1.教书育人原则的含义

教书育人，简而言之，就是指传授知识，培养人才。作为教师职业道德的一个基本原则，教书育人要求教师在其职业活动中既要努力教授学生学习知识，又要培育学生成人成才，要把两者有机结合在一起，更好地实现教育目的。在我国，教书育人原则就是要求教师按照党和国家的教育方针，在传授专业知识的同时，坚持育人为本、德育为先，把立德树人作为教育的根本任务，努力把学生培养成为德、智、体、美全面发展的社会主义建设者和接班人。

教书育人反映了教师这一行业的本质特征，指出了教师这一行业与其他行业的根本区别所在。它昭告人们，教师这一行业是教书育人的行业，教书育人也是教师的基本职责。只要为师从教，就必须履行这一职责，不认真履行这一职责或不履行这一职责，就不是一名称职的教师或根本就不配作一名教师。可见，作为一名教师，如果只注意传授知识，不注意培养学生如何做人，就没有尽到教师的责任。自古以来，教书育人一直是衡量和判断教师工作优劣的根本准绳。

教书育人是教师的天职，这也是古今中外思想家、教育家的共识。我国的《礼记》中早就指出："师也者，教之以事而喻诸德也。"就是说：教师既要教给学生具体事物的知识，又要培养他们立身处世的品德。韩愈在《师说》中指出，教师有三大职责，即传道、授业、解惑。所谓传道，就是传授为人之道，培养优良品德，就是今天所说的"育人"；所谓授业和解惑，就是讲授文化知识，解答疑难问题，就是今天所讲的"教书"。当代教育家徐特立把"经师"和"人师"的统一看作是教书育人的根本。他认为，为师的有两种，他都不赞成，一种是"经师"，一种是"人师"。"经师"是教学问的，"学生的品质、学生的作风、学生的生活、学生的习惯，他是不管的"。"人师就是教行为，就是怎样做人的问题"。他主张："我们的教学是要采取人师和经师二者合一的。"

人民教育家叶圣陶先生也说:“党和国家对一个人民教师的职业道德具体要求很多,其中要求教师教书育人是根本的。教师既要教书又要育人,才会使学生真正受益。”苏联教育家苏霍姆林斯基告诫教师:“请你记住!你不仅是自己学科的教员,而且是学生的教育者、生活的导师和道德的引路人。”从以上这些论述可以看到,能否自觉地做到教书育人,是衡量教师职业道德水准高低的根本标志,因此,教书育人原则也很自然地成为指导教师一切教育工作的根本原则。

2.教书是手段,育人是目的

教书育人是教师的根本职责。在教育实践中,教师到底应怎样教书育人呢?

第一,要正确认识和处理教书与育人的关系问题。教育家陶行知先生说:“先生不应该专教书,他的责任是教人做人;学生不应该专读书,他的责任是学习人生之道。”这就告诉我们,教书和育人是教育活动中不可分割的整体。在教书与育人的关系上,教师要始终明白,教书和育人,育人是目的,是根本,教书是形式,是达到育人的经常化手段。两者密切联系,相互促进,但又不能等同。正像农民种田一样,农民种田的目的在于收获粮食,如果错把种田作为目的,不关注收获,疏于田间管理,最后可能是颗粒无收。而教师教书的目的就在于培养人才。如果教师错把教书作为目的,片面追究书本知识和前人经验的推演、传授,忽视人文精神和科学精神的培养,忽视学生道德品质和修养的塑造,忽视学生身心健康等的发展,最终培养出来的将是一些毫无社会责任感和创造力、无法担当祖国建设重任的平庸之才。

第二,正确理解育人的含义,树立全面的育人意识。既然教书是为了育人,育人是目的,那么“育”的是怎样的“人”呢?这是为师从教应当明确的问题。在教书育人中,所育之人应是一个全面的人、完整的人。“千教万教教人求真,千学万学学做真人”,陶行知先生提出的“真人”就是要有真知识、真本领、真道德,即是“真善美的活人”,有“康健的体魄、农夫的身手、科学的头脑、艺术的兴趣和改造社会的精神”,即德、智、体、美、劳诸方面全面和谐发展的人。陶行知先生的“真人”观,体现了以德育为核心、全面发展、以人为本的教育思想。在中国特色社会主义条件下,“育人”就是要培养和塑造社会主义新人。社会主义新人的根本特征就是有理想、有道德、有文化、有纪律——“四有”,就是德、智、体、美、劳全面发展。“四有”和德、智、体、美、劳是一个统一的整体,它们是互相联系、互相依存、缺一不可的。根据社会主义教育目的,教师不仅要向学生传授知识,开发其智力,培养其多方面能力,还要开展各种各样的社会实践活动,活跃学习氛围,锻炼学生的身体,实现学生身心健康发展。同时,教师必须使学生具有坚定的政治信念、正确的思想观点、高尚的道德情操和较高的科学文化素质,因此,教师在教书育人过程中,既不应该只注重知识的传播,忽视对学生思想品德的教育以及体育、美育、劳动教育等方面,即只教书不育人,也不应该只强调德育,忽视智育、体育、美育、劳动教育,这也没有真正做到育人。因此,在教育实践中,教师要正确理解育人的含义,树立全面育人的意识。

第三,完善自身,精心育人。教书育人是教师的根本职责,是教师义不容辞的道德义务。能否自觉履行教书育人的道德义务,是衡量教师职业道德水平高低的重要标准。2014 年习近平总书记在五四重要讲话中对教师如何完成教书育人的使命提出了具体要求:

首先,要时刻铭记教书育人的使命,就要甘当人梯,甘当铺路石。教师要成为帮助学生进步、促进学生成功的人梯,乐闻学生进步,追求“青出于蓝而胜于蓝”的至高境界。甘当人梯者,心胸宽广,是一座丰碑,令人敬仰。教师要具有“直腰做人梯,弯腰做人桥,甘当铺路石子”的伯乐精神,捧着一颗心来不带半根草去,让新一代学生在教师铺就的平坦而宽阔的道路上前行。教师要扶持和帮助青年学生,鼓励青年学生超越自己,利用一切可能的机会,不拘一格培养人才。教师要淡泊名利,爱岗敬业,具有默默无闻的奉献精神。教师要关爱学生,把对学生的爱凝结成一种教育的巨大力量,以自己的爱赢得学生的爱,搭建起师生之间的感情桥梁。

其次,要时刻铭记教书育人的使命,就要以人格魅力引导学生心灵。学为人师,教师首先要用学术魅力去引导学生的心灵。一位不能在学术上使学生心悦诚服的教师,自然也得不到学生的真正尊重与敬慕,教师必须把学术魅力与人格魅力结合起来,进而达到教书育人的目的。行为世范,教师是“品行之师”,要以社会主义核心价值观践行者的人格魅力引导学生的心灵,在教书育人过程中，要在学生心里深深地种下社会主义核心价值观的种子，让富强、民主、文明、和谐，自由、平等、公正、法治，爱国、敬业、诚信、友善扎根学生的心灵，积淀为成长的力量。

最后，要时刻铭记教书育人的使命，就要以学术造诣开启学生的智慧之门。教师是“学问之师”，不仅需要渊博而高超的专业知识和精湛的业务，还需要广博的文化修养。学生可以原谅教师的严厉、刻板甚至吹毛求疵，但不能原谅他不学无术。缺乏独立见解，不善思考，学术功底浅薄，是无法引导学生心灵的。教师要有严谨的治学态度，成为一名严师，并用严谨的学风熏陶学生，真正起到教书又育人的作用，开启学生的智慧，培养学生的创新意识、创新思维、创新能力。“师者，所以传道、授业、解惑也。”教师既要传授做人的品德，又要讲授专业知识；既要对学生设疑和解疑，做到循循善诱，又要做到教书育人和言传身教。教师是立教之本、兴教之源，承担着让学生健康成长、办好人民满意教育的重任。教书育人是教师的天职，是教师的伟大使命。

（二）人格示范原则

教师是学生走向社会、通往科学宝库的引路人。传播文明、塑造人格，是教师的神圣职责。有人把教师比作海上的灯塔、百花园中的园丁、人生道路上引人向上的人梯。如此崇高的职业、如此神圣的称号、如此光荣的使命，要求教师做一个有道德、高尚的人，一个有人格魅力的人，成为“人类灵魂的工程师”。

1. 人格示范原则的含义

人格示范原则是教师必须遵守的基本道德原则之一。在不同的语境中，对“人格”一词有不同的界定。心理学家说，人格是人的性格、气质、能力等特征的总和。社会学家说，人格是指个体在社会生活中的地位和作用的统一。伦理学家认为，人格是人的道德境界、道德品质，是“道德主体品格的总和”。总而言之，人格就是做人的资格、做人的尊严和为人的品格之总和，是一个人基本的精神面貌，是人之所以为人的起码的素质要求和行为规范，它体现为人的人格尊严和自立意识。由以上观点可知，在教师道德语境里，我们可以把人格理解为教师的性格、气质、能力等特征的总和;它是教师作为教育权利和义务的主体,在道德上应具备的人品和资格。而示范就是作出榜样,作出典范,供人们学习。所谓人格示范,就是指教师通过自身高尚的人格给学生以良好的榜样示范。它是教师职业道德的主要特征,是教师应当遵守的基本师德原则。作为教师职业道德原则,人格示范原则要求教师以身作则、为人师表,发挥人格魅力,以自己高尚的人格去塑造学生高尚的人格。

2.人格示范原则的重要作用

人格示范是一种重要的教育力量。乌申斯基认为:固然,许多事有赖于学校的一般规章,但是最重要的东西永远取决于跟学生面对面交往的教师的个性,教师的个性对年轻的心灵的影响所形成的那种教育力量,是无论靠教科书、靠道德说教、靠奖惩制度都无法取代的。决定着儿童对教师的进一步关系的建立的,还是教师的工作作风和他的人格品质。教师良好的人格是一种对学生有着直接影响的教育因素。乌申斯基认为,只有人格才能够影响人格的发展。斯宾塞认为:“野蛮产生野蛮,仁爱产生仁爱,这就是真理。待儿童没有同情,他们就变得没有同情;而以应有的友情对待他们,就是一种培养他们友情的手段。”而研究表明,学生具有向师性和模仿性的特点。所谓“向师性”是指学生尊重、崇敬教师,乐于接受教师教导的自然倾向,希望得到教师的注意、重视、关怀和鼓励,热情而认真负责地教育自己的特点。对幼儿和初入小学的儿童来说,这种向师性表现为对教师的情感依赖,之后逐渐发展为对满足求知欲和人格完善的需要。

可以说,教师的世界观、教师的品行、教师对事情的态度都会深深影响全体学生。“染于苍则苍,染于黄则黄”。教师应当给学生树立一个良好的榜样,以自己高尚的人格力量来教育和塑造学生的人格形象。我国伟大的教育家孔子被后世尊称为“万世师表”,在他一生的教育实践中,他以高尚的人格和言行为学生作出表率,使学生在潜移默化中受到教育。他的学生称赞他说:“仰之弥高,钻之弥坚,瞻之在前,忽焉在后。夫子循循然善诱人,博我以文,约我以礼,欲罢不能……”这些话表现出学生对孔子人格、学识的由衷敬佩。可见,一个成功的教师,一定是一个极富人格魅力的教师。而这种人格魅力,不仅指高尚的道德品质,还指教师具有的文化品格。它并不是一种单纯的性格或特质,而是多方面特质的综合呈现,它是在长期的教育实践中形成和发展起来的独特感染力、影响力与号召力的总和。

人格魅力对学生的影响,是其他任何品质都难以比拟的。这种最现实、最鲜明、最有力的教育手段是其他任何教育手段所无法替代的。习近平总书记认为,做好老师,要有道德情操。老师对学生的影响,离不开老师的学识和能力,更离不开老师为人处世、于国于民、于公于私所持的价值观。习近平总书记进一步指出:"一个老师如果在是非、曲直、善恶、义利、得失等方面老出问题,怎么能担起立德树人的责任?广大教师必须率先垂范、以身作则,引导和帮助学生把握好人生方向,特别是引导和帮助青少年学生扣好人生的第一颗扣子。好老师应该执着于教书育人。我们常说干一行爱一行,如果身在学校却心在商场或心在官场,在金钱、物欲、名利同人格的较量中把握不住自己,那是当不好老师的。"

(三)教育人道主义原则

1.教育人道主义原则的含义

正确理解人道主义是探讨教育人道主义的前提。人道主义作为一个历史概念,起源于欧洲文艺复兴时期,是人文主义者对中世纪教育的反抗和变革。它强调一切以人为中心,强调人的地位,重视人的价值,维护人的尊严和保障人的权利。它主张去掉一切标签,以"人就是人"的眼光来看待人和处理彼此间的关系,"使我们能够对我们的同类做出一切我们力所能及的善事";它要求确认人的主体性地位,肯定个体的独立价值;它尊重人的权利,维护人的尊严,保障人的自由,追求人的全面发展与自我完善。这些基本原则在任何时代、任何环境中都具有普遍适用性,它在一定程度上反映了人类的道德理想和道德追求。因此,人道是道德的根基。"没有人道主义,就没有道德"。霍尔巴赫更明确地将其称为"社会道德中的第一个道德","是一切其他道德的总体"。

教育人道主义就是人道主义道德精神中所蕴含的那些恒常性的理想和普遍性的道德原则在教育领域的具体运用和体现。它强调教育要尊重人的发展需要，要符合人性，要维护人的权利、使人的价值得以实现。它是欧洲文艺复兴时期伴随人道主义的兴起而出现的。早期的人文主义者大多对教育倾注了极大的热情，他们普遍接受古希腊时期自由教育的思想，在教育目的、教育方法、教育内容、课程设置以及道德教育等方面努力践行人文主义的教育理念。如伟大的教育实践家维多利诺认为，教育的目的不仅是为了培养神职人员，而且是培养身体的、精神的及道德的和谐发展的人。教育思想家拉伯雷则对经院主义的烦琐论证、死记硬背的教学方法深恶痛绝，认为教学与学习的过程应当如同“国王在消遣”一般轻松愉快。这些思想集中体现了早期人文主义者力求将教育从中世纪教会和经院哲学的统治下解放出来的强烈愿望，是教育人道主义最初的表现形态。18 世纪，随着人文主义教育思想的广泛传播，启蒙思想家们又对封建教育发起了更为彻底的挑战。法国启蒙运动中最激进的思想家卢梭强烈谴责“为了不可靠的将来而牺牲现在”的教育是“野蛮的教育”，要求给儿童以充分的自由，遵循儿童的天性实施“自然教育”。瑞典著名的民主主义教育家裴斯泰洛齐则提出“教育意味着完整的人的发展”的思想，“使人的头脑、心灵和手这些特有的能力得以展开和发展”，“如果片面地培养某种力量……他造出的只能是半人，不会干任何有益活动的半人”。这些观点都带有浓郁的人道主义色彩，对后世的教育产生了极为深远的影响，是教育人道主义第二大发展形态的典型代表。此后，19 世纪末至 20 世纪初期欧洲兴起的“新教育运动”和美国的进步教育思潮也都主张研究儿童的特性，重视儿童自身在教育中的主体地位及其创造活动，反对把儿童视为强制行为的对象。其虽然存在一些片面性和不成熟性，但它仍然是对教育人道主义思想的极大丰富和拓展。

二战以后，以马斯洛、罗杰斯等为代表的人本主义教育思想家从整体的人出发，围绕人的自我实现，主张学校教育就是自我实现、完美人性的形成以及人的潜能的充分发展，从而使教育人道主义思想发展到一个新的阶段，即人本主义教育思想的阶段。可见，教育人道主义思想的历史在西方可谓源远流长。再追溯东方教育发展的历史，教育人道主义原则作为教师职业道德的基本原则，在教师的教育实践活动中发挥着重要作用。古今中外很多教育家不仅是教育人道主义的提倡者，而且是践行者。孔子堪称教育人道主义的楷模。他兴办私学，广收门徒，把自己毕生精力和智慧都奉献给了教育事业。他最早提出“有教无类”的思想，认为人不论贵贱、贫富、长幼、华夷、智愚，都有受教育的权利，从而打破了“学在官府”的局面，开启了平民教育之先河。他还以“仁爱”之心关心学生、爱护学生，培育了三千弟子，贤者七十有二。可以说，孔子的“有教无类”、“仁爱”思想是教育人道主义的发端。

人民教育家陶行知以他跨越千山万水的豪情和“捧着一颗心来，不带半根草去”的赤子之心为中国教育开辟了一条不同于以往的道路。他放弃高官厚禄，全身心地投入乡村教育运动，在更高层次上践行着教育人道主义传统。陶行知把他的目光投放到长期没有受教育权的穷人、女子身上，提倡女子教育，推行平民教育，倡导乡村教育，把当时社会地位最低的女子、穷人当人看，使他们有了受教育的权利和机会；他着眼于人的全面发展，立足当时的社会现实，把培养有尊严、有价值、有能力的人——能立足社会又能有益于社会的人——作为毕生奋斗的目标；他开创了“教学做合一”的教学形式和方法，改注入式教学为启发式教学，使教师走下高高的讲台，放下师道尊严，建立平等式甚至互学式的师生关系——合乎人道、人性的师生关系。

苏联教育家阿莫纳什维利、马卡连柯、苏霍姆林斯基都是成功践行教育人道主义精神的典范。苏霍姆林斯基曾经明确指出：“没有起码的人道就不可能有共产主义道德”，“培养人道主义情感是确立道德修养最重要的方面之一”。在我国，斯霞老师的“母爱教育”以及近几年来兴起的“愉快教育”、“情感教育”、“尊重的教育”、“新基础教育”等都要求突显人在教育中的地位，这些教育理念同样饱含着教育人道主义精神。

东西方教育思想发展的历史已经无可辩驳地向我们揭示：教育人道主义思想具有超越时空的普遍适用性，它是任何时期的学校教育都应当遵守的最基本的伦理原则。从根本上说，人道主义与教育的结合不是任何外力的强迫，而是教育本质的内在要求。教育是一项培养人的社会事业，一切教育活动都是围绕人并且是为了人而展开的，人是教育的核心和旨归。这一本质内在地决定了教育必然要致力于对人的普遍关怀，致力于对人的价值、尊严、权利和自由的追求，致力于人自身的不断发展与完善，而这些正是不同历史时期的人道主义共同的价值取向。“人的宝贵与尊严，是人道主义的中心价值”。不同类型的人道主义的区别不在于是否关心人，而在于对人的不同理解。所以教育的本性和人道主义精神是一致的，教育的价值就是在践行人道主义精神的过程中得以展现的。“学校的主要任务应是培养正在成长中的人，并且正是在这个问题上应当实现人道主义化，意即使学校本身实现人道主义化”。因此，人道主义与教育有着密切联系。真正的教育，“真正充满着对儿童之爱的教育和教学方法，应该是建立在人道主义原则的基础上”。对教育进行人道主义的追求深刻折射出人类对自身的热切关注以及对教育的恒久期盼。

今天，我国正在建设中国特色社会主义，我们对以往历史上的人道主义和人道精神进行了批判、继承和发展。社会主义人道主义是以马克思主义的世界观和历史观为理论基础，建立在社会主义公有制基础之上的，是调节社会主义人际关系的基本伦理原则和道德规范。而我们所理解的教育人道主义，就是人道主义道德精神中所蕴含的那些恒常性的理想和普遍性的道德原则在教育领域的具体运用和体现。所谓教育人道主义原则，指的是要求教育者从社会主义人道主义出发，在教育过程中尊重人、关心人、爱护人，正确调节教育活动中的各种关系，以促进人的全面发展。

2.教育人道主义原则的重要作用

总结那些我们敬仰、尊重的教育家的共同特质，不难发现他们都具有教育人道主义情怀和品格。回顾人类教育史，我们不难发现：哪个时期的教育符合人道主义原则，其教育就有活力，就能健康发展；反之，哪个时期的教育违背人道主义原则，其教育就问题成堆，发展困难。坚持教育人道主义原则，不仅是教师之为教师的必然要求，也是教育本质的内在要求。

教育是一项培养人的社会事业，人是教育的核心和归宿。教育的特点就是人去“教育”人，教师去“教育”学生。作为社会的人，教师需要处理许多人际关系，如教师与学生、学生与班集体、学生与家长的关系，教师与同事、领导的关系，等等。学校教学、教育目标的实现有赖于各种人际关系的和谐。而坚持教育人道主义原则是教师调节教育过程中各种人际关系的客观要求。

坚持教育人道主义原则有助于师生关系的和谐发展。在各种人际关系中，师生关系是最重要、最基本的关系。师生关系和谐与否决定着教育能否顺利进行以及教育结果的好坏。教师只有坚持教育人道主义原则，尊重学生、爱护学生、平等地对待每一位学生，才能真正教育好学生。相反，教师任何非人道化的言行都将伤害学生，影响师生关系的和谐，并阻碍教育目标的实现。就像习近平主席在我国第30个教师节当天与北京师范大学师生座谈时指出的那样：好老师应该是仁师，没有爱心的人不可能成为好老师。世界上没有两片完全相同的树叶。好老师一定要平等对待每一个学生，尊重学生的个性，理解学生的情感，包容学生的缺点和不足，善于发现每一个学生的长处和闪光点，让所有学生都成长为有用之才。

坚持教育人道主义原则有助于调节教师和学生家长之间的关系。除了学校教育，家庭教育对于学生的成长也是至关重要的。在培养学生成长、成才这一点上，教师和家长的目标是一致的。教师与学生家长和谐的关系有助于教育目标的实现。教师尊重学生家长、平等地对待学生家长，是吸引家长积极参与教育活动的重要手段，而家长对教师的尊重、关心会促进教师满腔热情地投入到教育事业中。

坚持教育人道主义原则有助于调节教师与同事等的关系。“教师劳动的形成往往是个体，但教育的全部过程绝不是单个教师所能实现的，它要求全体教师协调一致形成优化的集体合力，为共同目标而努力。同时，教师关系也是学生认识成人世界的人际关系的最直接的缩影之一。教师关系的和谐是实现教育教学目标，培养学生良好道德品质的重要因素。因此教育人道主义也是处理教师间关系的基本原则。”教育是一项庞大的系统工程，教师除要协调师生关系、教师与学生家长的关系、教师间的关系外，还需要调整与学校领导、教辅人员、社会其他人员的关系。坚持教育人道主义原则，就能够有效处理各种关系，从而调动社会各方面力量，齐抓共管、群策群力，为培养社会主义有用人才这一总目标共同努力。

案例分析

四块糖的故事

陶行知先生在育才学校当校长时，曾经发生过这样一件事情：一天，陶行知在校园里看到学生王友用泥巴砸自己班上的男同学，陶行知立即制止了他，并让他放学后到校长室去。

放学后，王友早早地来到校长室门口准备挨训。这时，陶行知走过来了。他一看到王友，就掏出一块糖果递给他，说："这是奖给你的，因为你按时来了，而我却迟到了。"王友惊愕地接过糖果，目不转睛地看着陶行知。这时，陶行知又掏出一颗糖果递给王友，说："这块糖果也是奖给你的，因为当我不让你再打人的时候，你立即就住手了，这说明你很尊重我，我应该奖励你。"王友更惊愕了，他不知道校长到底想干什么。

这时，陶行知又掏出一块糖果放到王友的手里说："我已经调查过了，你用泥块砸那些男生，是因为他们不守游戏规则，欺负女生。你砸他们证明你很正直善良，并且有跟坏人作斗争的勇气，应该奖励。"

王友听了非常感动，他失声叫了起来："校长，你打我吧，我砸的不是坏人，而是自己的同学呀！"陶行知满意地笑了，又掏出一块糖果递给王友，说："你能正确地认识错误，这块糖果值得奖励给你。现在我已经没有糖果了，你也可以回去了。"

【点评】 教育是一门科学，也是一门艺术，教师需要有知识，更需要有爱心和智慧。面对犯错的学生，教师既要严格要求、批评教育，也需要用爱心去召唤，用智慧去引导。可以说，在这一经典故事中，陶行知把肯定、表扬的手段用到极致，也取得了绝佳的教育效果。这个故事启发我们，教师要有一颗热爱学生、相信学生的心，还要不断修炼自己，以爱为动力，以智慧为手段，培养学生，和学生共发展。陶行知的这四块糖，可以称作滋养学生心灵的"精神糖果"，它作为一种精神力量，激励学生自省、自律、自强。

思考训练

1. 教师职业道德基本原则的含义和特征是什么？

2. 为什么说教师职业道德基本原则在教师职业道德体系中居核心地位？

3. 什么是教育人道主义原则？怎样运用教育人道主义原则来调节师生关系？

4. 谈谈你自己对教书育人原则的理解。

专题三

教师职业道德规范

学习指南

1. 了解《中小学教师职业道德规范（2008年修订版）》的基本内容。
2. 理解教师职业道德规范的内涵，掌握教师职业道德规范的具体要求。
3. 通过文中的“案例导航”、“资料卡片”、“问题探讨”等，启发自己通过遵守教师职业道德规范，力争做个师德高尚的人民教师。

问题驱动

百年大计，教育为本；教育大计，教师为本。一所学校培养的学生素质如何，直接取决于教师队伍的素质；而教师素质的高低，则取决于教师的职业道德如何。所以，具有高尚的职业道德，是对每一位教师的要求。高尚的师德，既是教师职业本身特殊性的要求，也是由教师职业的示范性所决定的。那么，教师应该遵守怎样的职业道德规范？教师职业道德规范的内涵与具体要求是什么？本专题，我们将系统阐述。

案例导航

陶行知喂鸡

一次，陶行知先生在武汉大学演讲。他走上讲台，不慌不忙地从箱子里拿出一只大公鸡。台下的听众全愣住了，不知陶先生要干什么。陶行知从容不迫地又掏出一把米放在桌上，然后按住公鸡的头，强迫它吃米。可是大公鸡只叫不吃。怎么才能让公鸡吃米呢？他掰开公鸡的嘴，把米硬往鸡的嘴里塞。大公鸡拼命挣扎，还是不肯吃。陶先生轻轻地松开手，把鸡放在桌子上，自己后退几步，大公鸡开始吃起米来。这时陶先生开始演讲："我认为，教育就像喂鸡一样。先生强迫学生去学习，把知识硬灌给他，他是不情愿学的。即使学也是食而不化，过不了多久，他还是会把知识还给先生的。但是如果让他自由地学习，充分发挥他的主观能动性，那效果一定好得多！"陶先生精彩的开场白，赢得台下一片掌声。

思考：

这个故事反映了什么样的教育规律？我们怎样才能成为一名好教师？

2008年9月，教育部和中国教科文卫体工会全国委员会联合颁发了新修订的《中小学教师职业道德规范(2008年修订)》(以下简称《规范》)，将我国中小学教师应当遵循的职业道德规范概括为爱国守法、爱岗敬业、关爱学生、教书育人、为人师表、终身学习。新《规范》的基本内容继承了我国的优秀师德传统，并充分反映新形势下经济、社会和教育发展对中小学教师应具有道德品质和职业行为的基本要求，爱和责任是其核心和灵魂。新《规范》对教师职业道德起指导作用，是调节教师与学生、教师与学校、教师与国家、教师与社会相互关系的基本行为准则。

一、爱国守法

孟德斯鸠说:“我所谓共和国里的美德,是指爱祖国,也就是爱平等而言。这并不是一种道德上的美德,也不是一种基督教的美德,而是政治上的美德。”可见“爱国守法”是从政治层面提出的教师处理与党、国家、人民关系的基本行为准则。

(一)爱国守法的内涵

爱国守法是职业道德教育的永恒主题，是包括人民教师在内的每个公民都应遵守的首要道德规范。热爱祖国是千百年来逐渐形成的一种深厚的道德情感，是对全国人民基本的道德要求。市场经济是法制经济，必须依靠法律，才能维持一个公平的市场秩序。爱国就必须守法。

“爱国”是调节公民与祖国之间关系的道德要求、政治原则和法律规范。作为道德规范,“爱国”要求每个公民都应当把热爱祖国作为自己神圣的道德义务和责任,爱祖国的大好河山,爱自己的骨肉同胞,爱祖国的灿烂文化,爱自己的国家,树立民族自尊心、自信心和自豪感,关心祖国的命运,为维护和争取祖国的独立、统一、富强和荣誉贡献自己的一份力量。

“守法”作为道德规范,就是要求公民不仅有知法、懂法、守法的法律意识,还要把法律意识转化为依法行使权利、自觉履行义务的法律行为,使自己的言行合乎法律要求。

“爱国”是最基本的道德标准,是公民遵守各种道德规范的前提和基础;“守法”是“爱国”规范的延伸。爱国与守法是有机统一的,爱国必须守法,守法是爱国的重要表现和必然要求。“爱国”“守法”之所以被列为公民基本道德规范和中小学教师职业道德规范的第一条,是因为二者同为道德底线,是每个公民必须具备的最重要的道德品质。公民无论其社会地位、政治立场或是思想信仰等有何不同,都不妨碍其成为爱国者和守法者。

教师工作的特殊性决定教师必须是爱国守法的模范。教育关乎国家、社会和未来的百年大计,作为对国家、社会、未来负责的教师,不仅要在自身的言行中体现爱国守法的精神，而且要积极探索对学生进行爱国守法教育的有效途径和方法。教师的职责不仅是教书，而且是育人，爱国守法教育则是育人的重要内容。所有这些都要求教师成为爱国守法的模范。

（二）爱国守法的具体要求

新《规范》中“爱国守法”的具体要求是：“热爱祖国、热爱人民、拥护中国共产党领导、拥护社会主义。全面贯彻国家教育方针，自觉遵守教育法律法规，依法履行教师职责权利。不得有违背党和国家方针政策的言行。”

1.热爱祖国、热爱人民、拥护中国共产党领导、拥护社会主义

这是针对教师政治生活提出的基本要求，它反映的是教师应具备的政治思想、政治情感和立场。苏霍姆林斯基曾说过：“对祖国的忠诚要靠忠诚地为祖国服务来培养。”人民教师强烈的爱国之情，则表现为深爱教育事业，满腔热情地教书育人，竭尽全力为祖国培养优秀人才。特级教师霍懋征是这样说的：“我知道孩子是祖国的花朵，是祖国未来的建设者，爱孩子就是爱祖国，我要把热爱祖国、热爱教育事业之情，倾注到我的学生身上，全身心地投入到小学教育事业中。”北京景山学校特级教师马淑珍是这样说的：“我虽然天天战斗在三尺讲台上，每节课教儿童识几个汉字，但这几个汉字却连接着祖国。”是的，一个教师对祖国的爱，既要像霍懋征老师那样体现在大的人生志向的确立上，也要像马淑珍老师那样体现在教育教学的每一个细小环节上。

总之，衡量一个教师是否具有爱国主义的思想素质，关键要看他对教育事业是否有责任感和使命感，能否为他所热爱的工作和学生无私地奉献一切。教师应能不为名，不为利，不计较个人得失，全身心投入教育工作，把培育祖国的下一代当成自己义不容辞的职责，忠于职守，埋头苦干，为国尽力，为民造福，为祖国的教育事业作出贡献。

拥护中国共产党的领导是人民教师应当具有的政治意识。教师要坚定对中国共产党信任的信念，拥护党的领导，学习党的理论，认真贯彻落实党的各项路线、方针和政策，坚持四项基本原则，积极参加党组织的各种活动。不仅如此，教师还担负着引导学生正确认识党的历史、正确评价党的历史地位、坚定对中国共产党信任的信念、提高学生政治素质的重任。因此，拥护中国共产党的领导，坚定对中国共产党信任的信念，就成为教师政治素质和职业道德的重要内容，

社会主义制度在我国的建立，实现了中国历史上最广泛最深刻的社会变革。改革开放以来，我国经济社会发展所取得的辉煌成就雄辩地证明，中国特色社会主义符合中国国情，符合全国各族人民的利益，是党领导人民探索奋斗找到的一条中国真正的复兴之路、强国之路。现阶段，在中国共产党的领导下，走中国特色社会主义道路，实现中华民族的伟大复兴，是我国各族人民的共同理想。人民教师承担培养社会主义事业的建设者和接班人的重任，就必须坚定社会主义理想信念，坚定对中国特色社会主义道路的信念，坚定对中国特色社会理论体系的信念，并将这种信念传递给儿童和青少年。

资料卡片

陶行知的教育追求

1917 年，陶行知在哥伦比亚大学师范学院毕业之后，怀着“要使全中国人民都受到教育”的理想，回到了阔别三年的祖国。投身于祖国的教育事业，通过教育提高国民素质，建立民主共和国。以教育救国、教育建国、教育治国为途径，实现民主共和国。

他的理想是和祖国的未来结合起来的，所以他为着崇高理想锲而不舍、呕心沥血、矢志不渝，无怨无悔。他自愿放弃优越的生活，率领青年在一片蔓草遍野、荆棘丛生的荒凉之地艰苦创业，开辟新教育基地，创建晓庄师范，为实现自己的理想而努力。他当时的处境不仅异常艰苦而且充满危险。抗战胜利后，他来到上海，当时内战危机迫在眉睫，身处逆境、时有遭暗杀危险的他，却对中国前途抱着乐观的态度，坚持自己的理想毫不动摇，仍“要在上海创办社会大学、函授大学、新闻大学、无线电大学、海上大学、空中大学，让整个上海，都变成学校，让上海 500 万市民，都能得到受教育和再受教育的机会”，真是矢志不渝。

为了人民的教育事业，陶行知是舍己为人，毫不考虑自己。如果他追求个人升官发财是很有条件的，但他视之为粪土，而以为劳动人民多做好事为乐。他不仅置自己的名誉、地位于不顾，甚至置身家性命于不惜。他常说：“唐僧西天取经，遭遇八十难，不知者以为他是自寻苦吃，其实他是抱着一个宏愿要完成，看破生死就能乐而忘苦。”他从事教育事业都是为了劳苦群众。为了创办晓庄师范，他倾其所有，拿出仅有的一千元。后来，他又把母亲死后的人寿保险金拿出来办山海工学团。创办育才学校，他除卖字、卖文外，还把当参政员每月 360 元的车马费全部献出。他自己的生活非常艰苦，终年穿一身蓝布料做成的衣服，有时甚至连吃饭也出现困难，正像他自己说的：“生

活不如老妈子。”然为了人民的幸福、祖国的强盛，他无怨无悔。

陶行知自觉选择教育事业，放弃政治生涯，与其共和国实现之途径——教育救国、教育建国、教育治国的社会观念不无关系。他不想跻身于政界，而选择教育为自己的立命之所，安身之处。陶行知的理想是建立民主共和国，途径就是通过教育提高国民的素质。

2.全面贯彻国家教育方针，自觉遵守教育法律法规，依法履行教师职责权利

这集中体现了教师对爱国守法这一行为准则的践行，包含着依法执教的要求。国家的教育方针，是国家在一定历史时期为实现该时期的基本路线和基本任务，对教育工作所提出的总的指导方针。《中华人民共和国教育法》第五条规定：我国的教育方针是教育必须为社会主义现代化建设服务，必须与生产劳动相结合，培养德、智、体等方面全面发展的社会主义事业的建设者和接班人。教师要在全面理解和掌握国家教育方针的基础上，做好自己的本职工作。即教师应立足社会和国家的需要，以学生的全面发展为方向，为社会主义事业培养高素质的优秀人才。

教师要自觉遵守教育法律法规，要学法知法，掌握教育法律法规的基本知识，领会其精神实质。

教师要依法执教，做守法的好公民。强调依法执教，对于提高教师自身思想道德素质具有重要意义，能促使教师爱护学生、帮助学生，自觉维护学生的合法权益；能促使教师根据有关法律法规从事教学活动，正确处理各种关系，形成良好的师德风尚，对社会风气的改善起到积极的导向作用。现代社会对教师法律素质的要求越来越高。教师在遵法守法、弘扬法治方面，应成为学生的楷模。

3.不得有违背党和国家方针政策的言行

这是对教师遵纪守法的最基本要求，它是通过对教师职业言行的约束，以显示“爱国守法”的严肃性。教师一定要把好言行关，无论何时何地都不能突破底线，确保自己的言行与党和国家的方针政策保持一致。

二、爱岗敬业

爱岗敬业，是新时期教师职业道德规范的基本内容之一，同时还是各行业共有的职业道德规范。即常说的：干一行，爱一行，成一行。作为一般职业道德规范，它不仅是对从业者职业态度、职业情怀的要求，而且包含对从业者工作能力与实践智慧的要求。因此，“爱岗敬业”是从业者获得专业持续发展的基本条件，也是使其实现职业生命价值的根本保障。教师能否做到爱岗敬业，不仅影响其自身专业成长、人生价值的实现，而且对于学生的发展和整个社会的发展都有着深远影响。

（一）爱岗敬业的内涵

从概念内涵上看，所谓“爱岗敬业”，顾名思义，包括“爱”与“敬”、“岗”与“业”。首先，“爱”与“敬”是一种良好的事业情怀、职业态度，是以对事业、岗位职责的正确认识为基础，在从业实践中所获得的积极情感体验，具体包括认同感、尊严感、荣誉感，以及责任感、使命感、成就感。其次，“岗”与“业”，指教师日常进行的具体教育教学工作以及影响社会发展与人类发展、具有社会价值与育人价值的教育事业。因此，在教师职业实践中，“爱岗”就是热爱本职工作，“敬业”就是忠于职守，尽职尽责。

爱岗与敬业是辩证统一的关系，“爱岗”是“敬业”的外在表现，是“敬业”的基础条件，“敬业”则是“爱岗”的内在支撑力量，为“爱岗”提供原动力。“爱”是“敬”的源泉，“敬”是“爱”的升华；不爱岗就很难做到敬业，不敬业也很难说是真正的爱岗。爱岗敬业具体表现为具有强烈的责任心和使命感，无须强制和监督，能全身心投入工作，自觉自愿地做好每一项工作。

爱岗敬业，即要求教师能对教育事业、教师职业、具体岗位职责有全面正确的认识，在为师从教中，能以积极的情感态度、坚定的信念和顽强的意志，完成教师的各种工作任务；进而通过履行教书育人的基本职责，发挥传承社会文明、培养社会所需要人才的教育价值，实现知、情、意、行的高度统一。

因此，教师爱岗敬业，不仅是学生发展、教师专业成长的基础条件，而且有利于教师整体队伍的稳定，有利于教师个体的专业持续发展。它既是教师实现其职业生命价值的保障，也是教育社会价值得以实现的保障。

资料卡片

2013 年"安徽最美乡村教师"——界首孟兆显老师

在第 29 个教师节来临之际，9 月 6 日，全省教师工作会议在合肥稻香楼宾馆召开。界首市段寨中心学校英语老师孟兆显被评为"安徽最美乡村教师"，受到大会表彰和省委书记张宝顺，省长王学军，省委副书记李锦斌，省委常委、省委秘书长唐承沛，副省长谢广祥及省政府秘书长邵国荷等省领导接见。

孟兆显，界首市段寨中心学校英语老师，1991 年 7 月毕业于蒙城师范。22 年来，他扎根于界首市段寨中心学校，担任年级班主任、英语教研组长等。他忠诚于党的教育事业，爱岗敬业，默默奉献，用辛勤的汗水哺育着一颗颗幼苗，并取得丰硕成果，受到师生和当地群众的高度赞扬。大家都说他在教学上是老黄牛，在班级管理上是排头兵，在教研活动中是领头雁。自 1994 年至 2013 年，孟兆显一直担任毕业班英语任课老师，并跨七、八两个年级教学工作，每周课时基本在 20 节以上。年度考核结果多年为优秀；2008 年被评为界首市教学能手，被界首市委、市政府授予优秀教师称号；2011 年被评为安徽省优秀乡村教师；2013 年 5 月被评为界首市首届名师。

（资料来源：阜阳新闻网，2013 年 9 月 10 日。）

（二）爱岗敬业的具体要求

新《规范》中"爱岗敬业"的具体要求是："忠诚于人民教育事业，志存高远，勤恳敬业，甘为人梯，乐于奉献。对工作高度负责，认真备课上课，认真批改作业，认真辅导学生。不得敷衍塞责。"

1. 忠诚于人民教育事业，志存高远，勤恳敬业，甘为人梯，乐于奉献

在这一层次中，任何职业道德，都要求其从业人员"敬业乐业"、"忠于职守"。人们也历来把热爱教育、忠诚于教育事业，作为对教师最基本的职业道德要求，忠诚于教育事业，意味着教师要以从事教育为荣，以献身教育为乐，具有职业自尊心和自豪感，为教育事业勤勤恳恳，尽心尽力，无私奉献。教师要真正做到忠诚于教育事业，并不是一件容易的事。它对教师提出了以下几点要求：第一，教师要培养职业荣誉感，坚定职业信念；第二，教师要志存高远，立志在三尺讲台建功立业，实现人生价值；第三，教师要有默默奉献、淡泊名利、甘为人梯的奉献精神。

资料卡片

人民教育家陶行知留学回国后，放弃教育厅厅长的高官不做，推去三青团书记的要职，抛开舒适的城市生活，致力于乡村贫民教育，安于“粉笔生涯”三十载，赢得桃李满天下。这种令人敬重的人生选择，是与他淡泊名利的人生境界分不开的。他的人生格言是：“捧着一颗心来，不带半根草去。”只有具有这种人生境界的人，才有可能作出那样的人生选择。

2.对工作高度负责，认真备课上课，认真批改作业，认真辅导学生

爱岗敬业最终要体现在教师认真履行教师职责、对教育教学工作高度负责的实际行动中。

教师对工作负责首先体现为认真备课、上课。备好课是讲好课的前提，是加强教学的预见性和计划性，充分发挥教师主导作用的重要保障。一堂课能否讲好，很大程度上要取决于教师备课是否充分，因此，教师职业道德要求教师须认真备课。上课是教学工作的中心环节，是向学生传递知识的基本方法和途径，也是激发学生的求知欲，指引学生走热爱科学、崇尚真理之路的“第一盏明灯”。因此，认真讲课就成为教师最基本的职业道德。

教师不仅要备好课、上好课，课后还要认真批改作业，进行教学总结，检验效果，总结经验教训，不断改进课堂教学。批改作业，不是简单在作业本上画钩和叉，而是涉及教师是否用心去体会学生，是否把学生的问题当作自己的问题，用心去思考、去解决等问题。辅导答疑也是教师的重要职责之一，是巩固课堂教学效果的必要环节，也是适应学生个体差异、贯彻因材施教的一个重要措施，因此教师绝不可将之视为可有可无的环节。当然，这儿提到的“辅导”，不仅包括学习辅导，还包括思想和心理方面的关心和辅导。特别是对一些学习成绩差、心理问题多的学生，教师要给予更多的课外辅导帮助。

总而言之，教师职业道德要求教师要以高度的责任心对待自己的日常教学工作、对待自己的学生。用什么样的态度去对待学生，用什么样的价值观来指导日常教学工作，很大程度上取决于教师的职业良心。因此，教师对教育工作高度的责任心就成为教师职业道德的重要内容。日常教学中教师的施教态度，是最能反映其职业道德优劣的。

3.不得敷衍塞责

所谓敷衍塞责，就是做事不负责任，只做表面上的应付，一旦出现问题又把责任推给别人。“不得敷衍塞责”是对爱岗敬业最基本的规定，要求教师不得违背；一旦违背，即给予行政处分或解聘处理。

问题探讨

问题1：教师爱岗敬业就要终身从事教育工作，不可作其他职业选择吗？

观点一，不作其他职业选择应是教师主动选择的结果。它是教师在自我认识评价基础上，形成对教育的职业认同感，综合运用理性与感性而作出选择，并非规范约束、外在控制的结果。因为教育工作的特殊性，决定教师工作绩效的产生具有长期性。教师需要持续一定时间，甚至终身探索，保持对教育事业的一份忠诚，才能悟出教育的真谛，进而实现其职业生命价值。

观点二，可以作其他职业选择，但学校需要从管理上予以调控，即在教师入行时，校方以聘期等手段，与教师约定从业时间的持续长度，从整体上保证教师队伍的相对稳定，以使由此对学生造成的负面影响降到最低程度。但是，任何校方不可以此为凭，拒绝教师在从事约定时间的教育工作后再作其他职业选择，同时简单对他们的职业道德作出否定判断，使他们在选择其他职业时受到不利影响。

观点三，不合适就换！从事任何职业，是否合适，只有入行并经历一段时间后，才能知晓，而且现代社会，人才济济，学校离开任何一名教师照常办学！同时，教师也是普通人，有权尝试各种人生体验，多些职业体验，人生才会多彩，能找到更适合的职业及岗位，也有利于对社会作出更大贡献！

问题2：若教师没有对教育的“爱”“敬”之情，但也不反感，仅凭良心工作，是否不道德呢？

观点一，不是不道德，而是道德修养水平不够高。教师职业道德修养和一般道德修养一样，是将社会道德转化为个体品德的过程。在这一过程中，不同的教师修养水平是有差异的，一般可分为三种水平：底线水平、基准水平、高标水平。而凭良心工作，其职业道德修养水平只是介于底线水平与基准水平之间，即能在循守法律法规底线的基础上，履行教师的基本职责，但是往往缺乏远大的职业理想追求，不可能长久维持较强的工作动力，工作绩效自然平平。因此，这是不值得广泛推崇的、有待提升的师德表现。

观点二，是不道德的。教师的基本职责是教书育人，其中，教书是基础，育人是关键；且从完整的品德心理结构看，无论对教师还是对学生，品德的发展应是知、情、意、行的和谐发展。教师若缺乏对教育工作的“爱”“敬”之情，就不可能从完整意义上履行教师职责，难以做到对学生“以心育心”“以德育德”，必然影响学生的身心健康发展。

观点三，当然是道德的，凭良心做教育教学工作，且能履行教师职业道德的基本要求，也不伤害学生，遵纪守法，多数教师都会这样的。

问题3：多数教师终身从事教育工作，默默无闻、成绩平平，应如何看？

观点一，选择了教师，就选择了高尚。如果一般人平庸，只是个人特点，是自主选择的状态；而教师的职业实践应是以人格感化人格，如果教师平庸，那就只能以平庸造就平庸，结果就难以为社会培养出德才兼备的人才来，当然就是失职和不道德的。

观点二，这是现实中多数教师的工作表现，是缺乏持续的、内在的工作动力的结果。对于这类教师，无可指责，因为对于众多教师而言，能达成教师的基本要求即可。尽管我们应当以"高标"要求激励更多教师，通过理想目标的确立，激活内在动机，使其发掘潜能，不断取得好成绩，但是终不可能让所有教师都达成"高标"要求，成为楷模型教师。

观点三，这是教师自主选择的结果，教师有职业道德修养的自主权，只要不超越"底线"要求，应尊重其个人的人生选择，不必力求通过外力作用而促其改变。

资料卡片

教师敬业的10种表现

一是把教师工作当作终生追求的事业来做。

二是把所教的每一个学生都当成自己的孩子。

三是把促进每一个学生的进步作为自己的神圣职责。

四是把每一节课都上成优质高效课。

五是把读书学习作为丰富自我的终生爱好。

六是把每一个教师看成携手共赢的亲密战友。

七是把每一位家长看成平等协助的教育伙伴。

八是把学校当成荣辱与共、休戚相关的家。

九是把繁琐劳累的工作当作科研探索之路。

十是把教育业绩看作自我生命的光彩与价值的"史记"。

三、关爱学生

关爱学生是师德的灵魂。亲其师，信其道。没有爱就没有教育。每一位教师都需要胸怀一颗爱心，在平等的基础上善待每一个学生，让每一个学生都得到应有的师爱。教师不仅要关注学生的学业成绩，而且要关注学生的思想品德和行为习惯，把学生的喜怒哀乐放在心间。别林斯基说："教育者多么伟大，多么重要，多么神圣，因为人的一生幸福都操在他的手里。"一个人成长的关键时期恰好是在学校度过，因而教师的言行就构成了对学生影响最实在的因素之一。其中，教师对学生的关爱程度及关爱质量不仅影响学生的学习状况、学习效果，而且影响学生性格等心理品质的形成和心理健康的发展水平。

（一）关爱学生的内涵

关爱学生，是指教师能从高度的责任心和社会责任感出发，关心爱护学生，严格要求学生，为国家、为社会培养德才兼备的社会主义建设人才。关爱学生的实质就是最大限度地促进每一个学生的发展。

关爱学生是教师具备高尚师德的前提和基础，是教师献身教育事业、搞好教育工作的原动力；关爱学生是教师所特有的职业情感，是和谐师生关系得以存在和发展的基础，是教育活动有效开展的前提；关爱学生是教师的宝贵品质。古罗马著名教育家昆体良曾强调：教育者在教育过程中要与教育对象建立深厚、和谐的师生关系，尤其要建立师生之间的亲密友谊。“因为在这种感情影响之下，学生不仅将愉快地听讲，而且会相信教师的教导，愿意仿效教师……他们的错误被纠正时不会生气，他们受到称赞时会感到鼓舞，他们会以专心学习尽力争取教师的珍爱”。

（二）关爱学生的具体要求

新《规范》中“热爱学生”的具体要求是：“关心爱护全体学生，尊重学生人格，平等公正对待学生。对学生严慈相济，做学生良师益友。保护学生安全，关心学生健康，维护学生权益。不讽刺、挖苦、歧视学生，不体罚或变相体罚学生。”

1.关心爱护全体学生，尊重学生人格，平等公正对待学生

这是教师关爱学生的前提和基础。教育过程中，教师要关心、爱护每个学生。不论相貌、性格或是性别差异，也不论学生学习成绩优劣，教师都应一视同仁，不偏爱，不歧视。对待后进生和“不守规矩的调皮学生”，更应特别关心、爱护。关心、爱护全体学生的最理想境界就是陶行知先生提出的“爱满天下”。

要真正热爱学生，促进学生健康成长，教师必须尊重学生。著名教育家苏霍姆林斯基讲过："教育成功的秘密在于尊重学生。"尊重是教育获得成功的基础。教师能够给学生以尊重，就会使学生感到自己的品德、才华、能力得到承认，进而增强信心，获得前进的动力。学生由于感受到教师的尊重，也会对教师产生由衷的敬爱之情，有利于师生之间形成一种和谐的关系。

尊重学生首先意味着教师要尊重学生的人格和尊严。教师要把学生看作是具有人格、自尊心的人，是具有认识能力、思维能力、判断精神的人，在教育和教学的过程中给予学生一定的自主空间，激励他们自己认知，自己进行积极思考，自己作出判断。对于学生在探索过程中出现的问题和错误，教师要循循善诱，加以引导，不能动辄就讽刺、挖苦、训斥学生，更不能采取变相体罚或打骂的方式。

尊重学生还意味着教师要进行赏识教育，给学生以赞美和鼓励。马克·吐温曾说过："只凭一句赞美的话我就可以活上两个月。"赞美就像阳光一样，没有它人们便不能生长开花。教师如果不用挑剔的眼光看待学生，而是积极寻找学生的闪光点、学生的长处，给学生以赞美和鼓励，学生受到感动，就能激发努力拼搏的勇气，就会取得更富建设性的成果。一位哲人说，人类本质中最殷切的要求是：渴望被肯定。而赏识、赞扬、鼓励正是肯定一个人的具体表现。

尊重学生更意味着教师要宽容对待学生。受认识能力的限制，学生在成长过程中会出现许多这样、那样的问题，教师要宽容对待学生的这些问题。对于学生对教师的批评，教师也要宽容待之。尽管有时学生对自己的批评可能言过其实，也可能具有强烈的感情色彩，教师都要耐心倾听。学生的批评确有道理的，教师要虚心接受并认真改正；对于自己不同意的地方，也要和学生平等讨论，阐述自己对问题的见解，在讨论中明辨是非。

2.对学生严慈相济，做学生良师益友

这是对教师关爱学生的定位。师爱是理智的爱，是严慈相济的爱。马卡连柯指出："我的基本原则永远是尽量多地要求一个人，也要尽量多地尊重一个人。"任何成功的教育都是严慈相生，是一体两翼，缺少任何一翼，偏执任何一端，教育都必然走向偏斜。在进行教育的过程中，教师要宽严有度，该管则管，该放则放。不能因为严格要求，造成对学生人性的压抑，导致学生的逆反心理，使学生的人格趋向保守、胆怯、拘谨；也不能因为要给学生以自由就过度顺应学生，使学生变得自大、不羁、放任。教师要掌握管理的分寸，将对学生的爱与严格要求结合起来。具体来说，应当遵循以下原则：第一，严而有理。严格教育、全面要求应当符合青少年学生身心发展规律，符合教育规律。第二，严而有度。教师对学生的实际水平、理解和接受能力应有一个正确估量，才能对学生提出符合他们实际情况、能为他们所接受的要求。第三，严而有方。教师应想法让学生乐意接受和执行自己提出的要求。第四，严而有恒。所谓恒，就是要长久坚持。对学生的严格要求应是长期、稳定的。第五，严中有细。教师在对学生的严格要求中不放过所能了解和觉察到的任何潜在问题，及时引导和规范，防患于未然，避免酿成大错。

3.保护学生安全，关心学生健康，维护学生权益

这是教师关爱学生的主要内容，也是素质教育和可持续发展观的明确体现。“保护学生安全”首次被写进新《规范》中，意味着全国中小学教师将被要求奉行这个新的职业道德规范。对此，中国教育科学研究院研究员高峡表示，这和近几年学生安全事件频发有关。高峡介绍，从汶川地震时的“范跑跑”，到最近几年多次发生的学生人身安全受到伤害事件，再到最近颇受关注的校车事故，保护学生的生命安全，不仅越来越受到关注和重视，也是亟待解决的新问题。

“保护学生安全”是针对中小学的特殊情况提出的——中小学生多数是未成年人，因此教师除负教育、教学之责外，也负有保护之责。“保护学生安全”主要是要求教师在平时加强对学生的安全教育，落实各项安全措施，培养和强化学生的安全意识，防范学生的危险行为，组织集体活动时首先要保证学生安全。

教师不仅要关心学生的人身安全，还要关心学生的身心健康。中小学教师面对的是未成年人，这些处在成长中的孩子们还不拥有成人那样的判断与处置能力，教师要成为他们校园甚至社会生活的引领者、组织者。教师不能只关心学生的学习成绩，还要关心学生的身体健康和心理健康，对学生身体状况、思想状况和心理状况的了解要常态化，要教育学生珍爱生命，积极乐观，勇敢坚强地对待各种困难。教师还要帮助学生明确自己的权利和义务，教育学生正确行使权利，自觉履行义务，并且在学生的合法权益受到侵犯时主动维护学生的合法权益。

案例分析

“范跑跑”事件

“范跑跑”，原名范美忠，1997年毕业于北京大学历史系。2008年5月12日汶川地震时，范美忠正在四川都江堰光亚学校上语文课，课桌晃动了一下，但范根据对地震的一些经验，认为是轻微地震，因此叫学生不要慌。但话还没完，教学楼猛烈地震动起来。

“我瞬间反应过来——大地震！然后猛然向楼梯冲过去。”后来，范美忠发现自己是第一个到达足球场的人，等了好一会才见学生陆续来到操场，随后他与学生有一段对话：

范：“你们怎么不出来？”

学生：“我们一开始没反应过来，只看你一溜烟就跑得没影了，等反应过来我们都吓得躲到桌子下面去了！等剧烈地震平息的时候我们才出来！老师，你怎么不把我们带出来才走啊？”

范：“我从来不是一个勇于献身的人，只关心自己的生命，你们不知道吗？上次半夜火灾的时候我也逃得很快！”

接着，范美忠对一位对他有些失望的学生说道：“我是一个追求自由和公正的人，却不是先人后己、勇于牺牲自我的人！在这种生死抉择的瞬间，只有为了我的女儿，我才可能考虑牺牲自我，其他的人，哪怕是我的母亲，在这种情况下我也不会管的。因为成年人我抱不动，间不容发之际逃出一个是一个，如果过于危险，我跟你们一起死亡没有意义；如果没有危险，我不管你们，你们也没有危险，何况你们是十七八岁的人了！”

范美忠写道：“这或许是我的自我开脱，但我没有丝毫的道德负疚感，我还告诉学生，‘我也绝不会是勇斗持刀歹徒的人！’”这些话如一石激起千层浪，在论坛上炸开了锅，他因此被千万网友称为“范跑跑”。

事后，范美忠又发表了一篇《我为什么写〈那一刻地动山摇〉》的文章，并对网友的部分问题作了回答：我这些话在回去上课之后还会跟学生说也会跟其他人说。告诉学生也告诉其他人，你自己的生命也很重要！你有救助别人的义务，但你没有冒着极大生命危险救助的义务，如果别人这么做了，是他的自愿选择，无所谓高尚！如果你没有这么做，也是你的自由，你没有错！先人后己和牺牲是一种选择，但不是美德！从利害权衡来看，跑出去一个是一个。

（摘编自 http://baike.baidu.com/view/1613806.htm.）

【点评】 2008年的汶川大地震震惊世界，也感动着世界。在生与死的抉择中，涌现出一批英勇献身的人民教师：死死护着桌下4名学生的东汽中学教导主任谭千秋老师、救下13个学生再也没有回来的映秀镇小学张米亚老师……然而范跑跑却选择了无视学生的生命，逃之夭夭，并振振有词。继后，安徽××县××中学的两名学生在课堂上打架，被曝授课的杨××老师没有制止，而是坚持继续上课，导致一名学生死亡。杨的作为被网友称为"选择站在三尺讲台上当看客"，其本人也被冠以"杨不管"的绰号。

记得有人说："你选择了某种职业，其实你就选择了一份责任。"而保护学生的安全，从教育的视角分析，是教师的第一责任，是教师的天职。从法律的视角分析，这是法律赋予教师的义务，因为中小学生是未成年人，保护未成年人是教师应尽的义务。

4.不讽刺、挖苦、歧视学生，不体罚或变相体罚学生

这是对教师关爱学生的底线要求。讽刺、挖苦、歧视学生，甚至体罚或变相体罚学生，将会给学生的身心造成严重危害，是教师最应当忌讳的行为。据调查，对学生拳打脚踢的情况现在已较少存在，但"心罚"和变相体罚学生的现象却时有发生。"心罚"即对学生进行的心理和精神的惩罚，它是相对于体罚而言的。"心罚"是以讽刺、挖苦、粗暴谩骂等方式侮辱学生的人格，伤害他们的情感。变相体罚的方式也是各种各样，比如，把不遵守纪律的学生拉出教室、罚站、罚劳动、晒太阳，或让成绩不好的学生罚抄课文、罚做题目、罚抄单词一百遍等。不仅造成学生肉体的痛苦，而且给学生精神上带来极大的伤害。这些行为都应当坚决杜绝。

案例分析

"不听话押金"事件

前段时间，一网帖称一位来自江西省××县的学生家长反映××县××中心小学要求学生上交"不听话押金"，如果学生在校违纪，押金将会被逐一扣罚，直至扣完为止。

近日，笔者到××县××乡找到了反映学校收取"不听话押金"的学生家长罗先生。罗先生说，学校从网络曝光的收据照片上找到线索知道是他打了"小报告"，就和县教育局的相关人员到他家进行劝说，让他交出照片上显示的收费票据。

罗先生说，女儿五年级时转到××中心小学就读，令他气愤的是，这学期的收费多了一项“不听话押金”。笔者看到，班主任老师亲笔写的押金条上写着：“今收到某某同学交来的2014年上半年在校就读押金人民币壹佰元整，督促该生在校遵纪守法，不无故在晚自习后到校外惹是非，故班主任保管押金至学期末。”

罗先生女儿说，上学期，班上的同学如果考试低于20分，就要给老师交三四元到十元不等的“罚款”，而他们每隔一两周就有一次小测验，到期末的时候考试更多，她自己就交了好几次“罚款”。随后，笔者采访了六年级一班交过“不听话押金”的3个学生。他们告诉记者，班主任在上学期就对全班同学说这学期开学后表现不好的同学要给老师交押金，由于自己平时表现不好，开学时老师要求交100元押金，交押金的时候自己和家长都在场。据了解，班主任在农村教书十几年，平日里在管理学生方面也有自己的一套方法。

“不听话押金”事件在网上曝光后，××县教育体育局当天组成调查小组到××中心小学进行调查核实并作出了《关于××小学有关收费问题的处理意见》。

【点评】 这是一起关于“教育惩罚”的雷人事件。“不听话押金”未必压得住孩子不够良好的表现，却把老师在教育惩罚面前无能为力的尴尬暴露无遗。很多老师的困惑在于，既不能体罚学生，也不能变相体罚学生，那么在这种情况下，学生违反规定，老师还能做什么？2009年教育部出台的《中小学班主任工作规定》中关于“批评权”的热议，在一定程度上也说明了老师的困惑和无奈。

事实上，惩罚不等于体罚。惩罚是一种常规的教育手段，是对学生问题行为的一种强制性纠正行为，是在学生身心完全能够承受的前提下采取的教育措施，对学生能够起到教育和警示作用；体罚是个别教育者对违反纪律的学生所实施的身心上的严重伤害，有悖于伦理道德。

合理的教育惩罚可以使学生懂规矩、辨是非，促使其改过，同时带有警示作用，有助于维护集体纪律。同时，惩罚又是一种高妙的教育智慧，教育者使用惩罚时要明确其目的，要懂得惩罚只是一种手段而绝非最终目的。惩罚的目的是为了惩前毖后、维护纪律，使受惩罚的学生改过自新和健康成长，使大多数学生受到教育。如果这个目的不明确，教师就可能滥用惩罚，教师在惩罚学生时就可能带有个人情绪、抱有偏见，就可能有“教训”学生的心理，结果就会对学生造成体罚。要针对不同时间、场合、违规程度，以及被惩罚对象的性格类型，机智灵活地选择不同的惩罚方式，而不能一成不变、千篇一律。比如，对于故意违纪的学生与过失违纪的学生，对于初犯和屡犯，对于性格外向和性格内向的学生，惩罚的程度及方式都应有所区别。使用惩罚手段，必须与整个教育方法体系结合起来，尤其应该与说理、沟通、感化、激励等教育方法结合起来使用。惩罚的目的是为了解决问题，如果达不到这个目的，惩罚就易产生消极作用。所以，在运用惩罚时要注意把握度、把握时机，注重惩罚的实际效果，避免产生副作用。

事实上，实施批评、检查、处分等惩戒学生的措施依然是教师的权利，并且人们无论在道义上还是理论上都是支持的，但它需要教师拥有更多的智慧去灵活选用。

问题探讨

问题 1：时下很多学校都在开展感恩教育，感恩的主要对象是家长和教师。我们也经常听到这样的抱怨，现在的学生不懂得感恩，认为教师对自己好是理所应当的，考上大学的孩子也往往以谢师宴回馈教师。教师对学生的关爱，是一种需要回报的恩情还是责任？

观点一，当然是恩情，教师辛辛苦苦，没日没夜地为了学生操劳，常常连自己的孩子都顾不上，还不是为了学生好？学生应该感谢教师的付出，没有教师，哪里有他们的今天？

观点二，恩情说是传统文化的产物，事实上，教育是国家的公益事业，公立教育的经费花的是纳税人的钱，政府已从管理型政府向服务型政府转变，教育也应转变成为社会的公益服务，为学生健康成长而努力，是教师应尽的责任，不需要学生或家长额外表示感激。

观点三，这个问题应该一分为二地看待，一方面，教师对学生尽心尽力确实是自己的职业责任，谈不上对学生施恩，不能居高临下要求学生回报。另一方面，感恩教育也是学生健康成长中不可缺少的教育。但不能够采用物质手段，那样就会使师生关系庸俗化。

问题 2：在关爱学生，以鼓励为主的大背景下，教师们的困惑表现为这样两种，第一是不敢轻易批评学生，害怕出现问题，因而只能爱而不能罚，许多教师面对学生不合乎规范的行为不知道如何处理。第二是教师们发现，支持性成长环境和正面评价使得孩子越来越浮躁。那么好孩子真的是夸出来的吗？为什么越夸越浮躁呢？教师的爱与严，何去何从？

观点一，好孩子当然是夸出来的，每个人内心最深切的渴望就是被认可和被尊重。

儿童自我形象的建立来自于外界的他人评价，“数子十过，不如奖子一长”，教师应该带着赏识的眼光不断赞美孩子。

观点二，“从来英雄多磨难，自古纨绔少伟男。”一味地赞扬孩子，只能让孩子不知道天高地厚，因而应该对孩子严格要求，才有利于他的成长。

观点三，爱在左，严在右。尊重欣赏和严格要求相辅相成。但夸孩子不是手段，而是目的，是对孩子真心的接纳和欣赏。浮躁的主要原因是浮夸了。在对孩子教育的过程中，教师没有找到孩子真正的优点，从而使孩子的成长和进步失去支点，孩子也容易变得浮躁。

四、教书育人

教书育人是教师的天职，是教师的第一要务。教书，强调的是知识、技术、技艺的传授；育人，注重的是价值引导、心智的启迪、精神的构建。故教者，传授知识也；育者，涵养品德也。既教书又育人是教育的本质要求，也是师德规范的基本要求，更是教师的责任和义务。

（一）教书育人的含义

教书育人是师德修养的核心。教书是指教师向学生传授系统的科学文化知识，培养学生的科学文化素养，发展学生的智能；育人是指教师通过教学活动和自身行为，对学生进行思想和品德教育，促进学生人格的发展。教书育人要求教师在遵循教育规律，实施素质教育，传授知识的同时，更要结合所教学科特点将德育渗透到教学之中，培养学生良好的品行，塑造学生健全的人格，促进学生全面发展。

教书和育人是不可分割的统一体，二者相互作用、相互渗透、相辅相成。其中，教书是手段，育人是目的。因为教育的根本目的就是通过教育培养真正的人，培养全面、完整的人。教书和育人紧密结合的结果，就是德才兼备的合格人才。

教书育人是教育的中心工作。教书育人落实到教师职业行为上，就是通过教师的劳动培养人、塑造人、促进人的全面发展。教师在教育活动中，不但要给学生传授知识和技能，即教会学生如何学习，而且要对学生进行思想品德教育，即教会学生如何做人。教师职业是以教书育人为中心的职业，教师承担着传播人类文化，开发人类智能，帮助学生形成科学正确的世界观、人生观和价值观，用人类崇高的思想、高尚的道德去塑造学生的灵魂，引导学生养成良好的行为习惯的使命。因此，教师塑造人类灵魂的神圣职责，集中地概括为“教书育人”。

（二）教书育人的具体要求

新《规范》中“教书育人”的具体要求是：遵循教育规律，实施素质教育。循循善诱，诲人不倦，因材施教。培养学生良好品行，激发学生创新精神，促进学生全面发展。不以分数为评价学生的唯一标准。

1.遵循教育规律，实施素质教育

当前，受传统教育理念的影响，我国教育存在重智育轻德育，重理论轻实践，重知识轻能力培养等问题。教育上的这种片面追求，违背了教育规律和人才培养规律，往往导致学生读死书，死读书，缺乏开拓创新精神，成为片面发展的人。这样的人很难适应社会需要，很难胜任中国特色社会主义建设事业的各项工作。

教书育人是师德修养的核心，强调教师要遵循教育发展规律，既传授科学文化知识，又进行思想品德教育，引导学生寻找生命的意义，实现人生应有的价值追求，塑造完美的人格。而实施素质教育就是遵循教育规律，以注重开发受教育者的潜能，促进受教育者德、智、体、美诸方面的发展为基本特征。在具体的教学中，素质教育就是要实现教书与育人相统一，传授知识和发展智能相统一，理论与实践相统一，教师主导作用与学生主体地位相统一，课内与课外相统一，面向全体学生与因材施教相统一，以及注重培养学生的自学能力、创造精神的现代教育理念。

素质教育就要体现“以人为本”，体现全面育人。因此，教师在教育教学活动中，要把学生看成一个个具有丰富思想和鲜活个性的人，关注并尊重每个学生，使学生的个体潜能、智慧、创造力都得到充分发挥，把每个学生都培养成充满个性活力、人格完善与社会需要的合格人才。

2.循循善诱，诲人不倦，因材施教

“循循”是有步骤，有顺序，由浅入深，由表及里，由此及彼，它体现了教育的规律性。“善诱”是善于在教育教学中启发引导学生。循循善诱表明，要把学生视为教育过程中具有思维活动的主体，有步骤地引导、教育他们，而不是牵着他们走。循循善诱的道德规范突显的是教育的引导和启发功能。

诲人不倦是指教育者要保持耐心和恒心。教育是一个漫长的过程，不可能一蹴而就。十年树木、百年树人，教育的功效往往要几十年才能显现。教师对学生的教育也是一个漫长的过程，特别是对那些学习习惯不好或学习成绩不好的学生的教育，不是一次谈心、一次辅导就能产生效果，教师要有足够的耐心和恒心，诲人不倦即是其体现。

古代教育家朱熹曾说过：“圣贤施教，各因其材，小以小成，大以大成，无弃人也。”这表明教育过程要注重因材施教。要做到因材施教，首先，教师要敢于面对学生的差异，把学生看成是平等的、有区别的主体，而不是待加工的同一的“零部件”。其次，教师应尊重学生的兴趣、爱好、性格等，从每个学生的实际出发，对他们提出相应的要求和制定相适应的发展目标。正如著名教育家马卡连柯所言：“教师要尊重每个学生，又要向他们提出一定的要求。”再次，采用多种教学方法进行教学，努力让每个学生都参与其中，成为课堂教学活动的主体，使得每个学生的潜力能得到最大化开发。

3.培养学生良好品行，激发学生创新精神，促进学生全面发展

人是教育的出发点，教育的目的就是精心培育新人，培养学生良好的品行是其中最主要的。一名优秀的教师，绝不是简单的“教书匠”和传授知识的“工具”，他更应该是学生生活的导师，是学生道德培养与人格塑造的领路人。教师是学生良好品行的启蒙者和设计者。从道德品质优秀的教师身上，学生吸取的是关爱、平等、尊重、诚实等；反之，学生吸取的是冷漠、散漫、虚伪、自私等。这些直接的道德经验，常常比纯粹的说教更有说服力，更能影响学生良好品行的形成。教师工作的基本目标就是引导学生个体的成长，启迪他们对于人生和世界的美好情怀，如爱、希望、信心、善良、诚实、正直等，通过塑造良好的品行，给他们的一生奠定良好的精神基础。

教学中，教师要实施创新教育，善于激发学生的创新精神。创新是一个民族进步的灵魂，创新教育是一种旨在培养个性，激发学生思维灵感，增强学生创新意识的教育。当前，知识更新迅速，各种新理念、新发明不断涌现，教育的要旨就是培养创新型人才。创新教育，就其本质而言，是培养学生具有各种创新能力；就其教育方式而言，是一种自由、快乐的启发式教育；就其核心而言，是培养学生的创新思维，并使学生各种能力得到全面发展的素质教育。学生创新精神培养的关键在教师，只有具有创新能力的教师，才能够培养出具有创新精神和实践能力的学生。

教书育人要促进学生全面发展。联合国教科文组织在《学会生存：教育世界的今天和明天》一书中指出：教育要把一个人的体力、智力、情绪、伦理各方面的因素综合起来，使他成为一个完善的人。陶行知也指出："教育就是培养真善美的活人。"因此，教育要促进学生的全面发展。促进学生的全面发展要求教师在传授知识的同时，更加注重通过教育影响学生，提升学生的思想境界，培养学生健全的人格和良好的个性品质，引导学生树立正确的世界观、人生观和价值观。

4. 不以分数为评价学生的唯一标准

教育要培养社会所需要的合格人才，就要在正确的人才观的指导下，用正确的评价方式来引导教育教学活动，反对以分数为评价学生的唯一标准。社会对人才的需求不仅体现在学生的分数上，而且体现在学生发展的方方面面，比如良好的人际关系、吃苦耐劳的精神、敏锐的观察力等。

不以分数为评价学生的唯一标准，要求教师注重发展性评价，以发展的眼光看待学生，采用赏识、鼓励性评价，增强学生的自信心。教师应多维度评价学生，用综合性标准对学生进行评价。这样的评价方法能促进素质教育的全面实施，起导向作用。

资料卡片

十类违反师德行为将受处分

2014 年 1 月 11 日，教育部印发《中小学教师违反职业道德行为处理办法》，十类违反师德行为将受处分：

（一）在教育教学活动中有违背党和国家方针政策言行的。

（二）在教育教学活动中遇突发事件时，不履行保护学生人身安全职责的。

（三）在教育教学活动和学生管理、评价中不公平公正对待学生，产生明显负面影响的。

（四）在招生、考试、考核评价、职务评审、教研科研中弄虚作假、营私舞弊的。

（五）体罚学生的和以侮辱、歧视等方式变相体罚学生，造成学生身心伤害的。

（六）对学生实施性骚扰或者与学生发生不正当关系的。

（七）索要或者违反规定收受家长、学生财物的。

（八）组织或者参与针对学生的经营性活动，或者强制学生订购教辅资料、报刊等谋取利益的。

（九）组织、要求学生参加校内外有偿补课，或者组织、参与校外培训机构对学生有偿补课的。

（十）其他严重违反职业道德的行为应当给予相应处分的。

（资料来源：教育部网站，2014 年 1 月 11 日。）

资料链接

核心素养：素质教育再出发的起点

“核心素养强调的不是知识和技能，而是获取知识的能力。核心素养教育模式取代知识传授体系，这将是素质教育发展历程中的一个重要节点，意义深远。”

“素质教育不是一个新话题，素质教育的概念自 20 世纪 80 年代中期提出至今已近 30 年，为何今天又来讨论素质教育？因为基础教育改革走到今天，到了一个重要的历史节点，需要我们对素质教育的诸多问题进行再认识、再实践。”在日前于贵阳市召开的中国教育学会中小学整体改革专业委员会第二次理事单位学术专题研讨会上，该委员会理事长傅国亮点明研讨会主题“素质教育战略主题再认识再实践”的意义所在。

再审视：基础教育哪里“跑偏了”

虽然素质教育早已成为教育改革和发展的战略主题，但是对于什么是素质教育这样的基础性问题，仍然存在认识上的误区。

“长期以来，对于素质教育的探索，有两个误区，一是没搞清素质教育究竟是一种什么模式，应该说，素质教育是一种全新的育人模式，而非育才模式，以育才取代育人，在现实中必然导致以应试教育取代素质教育，以考试分数取代人的全面发展；二是将素质教育模式化，而实际上，素质教育没有固定的模式，基层探索应该是个性化、特色化、多样化的。”傅国亮说。

贵州省教育厅副厅长李奇勇认为，素质教育就是适度的教育，而当前的中小学教育则是一种过度教育，具体表现在：一是功能过度。基础教育的主要功能是让一个生物人转化和成长为社会人，过早地与成功、发达等宏伟愿景、远大理想对应起来，对于一个普通的未成年人而言，在现阶段是大而无当、虚幻空洞的。二是内容过度。现在的孩子，在学校学些什么，学到什么程度合适？普遍来说，目前学生的书包过重，所学内容过多、过深。三是责任过度。全社会关心学校，学校却“办”了全社会。校园内，购物、吃饭、安保、医疗等所有一切都归学校管。校长充当了炊事员、采购员、保安员等角色，把所有事情都管了，唯独没精力管教学。地方官员大多把重视教育，简单或者功利地理解成办学校、建房子，很少关心教育本身。政府责任过度，往往就是政绩的过度、基建的过度、浪费的过度。教育本来应是家庭的事、团体的事、社会的事，现在却全部成了政府的事情。结果该有学校的地方都由政府投入，把所有的学校都搞成公办，民办教育没有了发展空间。这种过度的责任，还推高了群众择校的热情和对教育不公的不满。四是学制过度。现在孩子发育提前，结果该恋爱的时候在读书、在拼高考，等到上大学了，青春期已经过了，既不爱读书，也不会谈恋爱了。以人为本就是该干啥的时候让他干啥。基础教育，十年足矣。

贵阳市教育局局长赵福蕖认为，当前素质教育在实施过程中存在的典型病症，主要表现为知而不行、知行不一。

知而不行：几十年来，素质教育这一理念，无论是在各级党委、政府还是基层学校，无论是在教育内部还是社会各界，无论是在专家学者还是平民草根中，都得到了广泛认同，但现实状况是，素质教育在文件制度里有地位，具体工作中排后位；在专著论文里有高度，基层实践中少热度；在办学理念上有目标，办学行为上无指标；社会舆论讲得好，个人家庭做得少。

知行不一：知行不一实质就是说一套，做一套，认识与实践自相矛盾、互相否定。具体表现为：育人是教育的本质追求，但在实际的教育过程中仍然存在重分轻能的现象；课堂教学强调尊重学生主体地位，但实际教学中教师“一言堂”仍较普遍；对学生综合素质水平恶评不断，但仍以考试为唯一手段、以分数为唯一评价标准；对学生苦、学生累、学生书包重、学生作业多的批评声不绝于耳，但“不输在起跑线上”的意识根深蒂固，结果是让学生累倒在起跑线上。

知而罔行：在实施素质教育的实践中，对素质教育的战略地位、核心目标、基本规律、重点要求、工作路径未能进行深入系统的理解，以育才教育取代育人教育。具体表现在：育人片面化，以智育代替德智体美全面发展，重才轻德；育人特殊化，以少部分尖子生、特长生代替全体学生；育人形式化，课堂教学改革重形式轻实效，不注重保护和培养学生的好奇心、求知欲和想象力，背离了课堂教学的基本规律；育人盲目化，校训校规原则空洞，没有突显学校发展的核心理念；育人简单化，以开展体音美的活动等同于素质教育，校园文化建设仅满足于墙壁文化呈现，把社会实践仅仅局限在军训、农训或志愿者服务等活动中。素质教育在实践中呈现出盲人摸象的态势。

专家们认为，目前素质教育实施过程中的种种问题，既有政策设计、体制机制的缺失，又有基层实践的缺位；既有价值取向的偏离，又有教育政绩的短视；既有用人导向的误区，又有育人方向的错位。这些问题折射出素质教育理想与现实的差距，基层实践的无奈与迷茫。用一句流行的话说，在素质教育的问题上，“我们已经走得太远，以至于忘记了当初为什么而出发。”

再认识：如何将“素质”具体化

素质教育到底应该培养学生哪些方面的素质？长期以来，只有方向，没有明确的具体化的内容。这种理论上的“模糊”，既给基层实践者提供了自由探索的空间，但也让中小学校长、教师感到迷茫。

事实上，经济合作与发展组织（OECD）国家早在 1997 年，就提出了“核心素养”的概念，并将其视为基础教育的 DNA、人才培养的指针。因政治体制、文化背景等的不同，不同国家提出的核心素养有所不同，但也有一些共通的地方，比如强调合作与交流能力、信息与通讯技术的掌握、公民素养、创造性、批判性思维，等等。

目前，我国已经决定采纳上述国家核心素养的概念。核心素养，将成为未来基础教育改革的灵魂。“核心素养强调的不是知识和技能，而是获取知识的能力。核心素养教育模式取代知识传授体系，这将是素质教育发展历程中的一个重要节点，意义深远。”傅国亮说。

上海市教委教研室科研部主任、教育部高中课程标准修订综合组成员王月芬介绍说，核心素养教育体系的建构，意义非常重大。它具体回答了“培养什么人”的问题，有助于实现从学科中心转向对人的全面发展的关注，为育人模式、评价方式的转型奠定了基础，指明了方向。基于核心素养的教育改革，将从单一知识、技能转向综合素质，从学科学习转向跨学科学习，从灌输式学习走向探究性学习。具体到课程改革上，将基于学科本质观来确立学科素养，基于学科素养来择定学科课程内容，基于学科课程内容来研究学业质量评价标准。

据介绍，核心素养教育体系，目前尚处于理论探索与建构阶段，到实践层面的落实，尚有一段路程，而基层的教育实践探索者对此充满期待。这次会议上，与会代表就素质教育的基本理论、师资队伍建设、评价导向改革等问题进行了分组研讨，交流了实践探索中的创新经验。

不过，素质教育从来都不只是校园围墙内的事，正所谓“生活即教育、社会即学校”。从来没有可以离开社会环境的成长，也从来没有可以离开家庭环境的教育。李奇勇认为，我们要树立“泛教育”的理念，家居是教育工具，社区是教育载体，景观是教育因素，城市、乡村是教育场所；家长是教育者，人人都是教育者，人人互为环境，互为教育者。实施素质教育，每一个学校、每一个课堂、每一个家庭都可以从自身改起，从现在做起。

（资料来源：《中国教育报》，2015 年 5 月 13 日。）

五、为人师表

为人师表是教师职业的内在要求，也是教师职业道德规范的基本准则。我国自古以来就对为人师表有着十分严格的要求。孔子的“其身正，不令而行；其身不正，虽令不从”，韩愈的“以一身文教，而为师于百千万年间，其身亡而其教存”，就表明教育教学过程中为人师表的极端重要性。

（一）为人师表的含义

为人师表是师德修养的关键。它是指在教育教学过程中，教师要用自己的言行举止，“以身立教”，成为学生的表率，体现出“学为人师，行为世范”的良好风范，以影响和教育学生。教师职业的特殊性与示范性，需要教师时时刻刻注意自身的言行，注意自己在仪表、风度、人品、人格上的表现，做到以身作则，严于律己，为人师表。

教师是“传道、授业、解惑”的职业，这种职业本身就决定教师要做“人之模范”。与其他职业道德相比，教师职业道德对社会的影响更广泛，更深远。因此，教师要以高尚的道德品质为人师表，教师要以严谨求实的学风为人师表，教师要以认真细致的教风为人师表；教师还要以健全的人格为人师表。

教师拥有的优秀品质和人格力量，对学生心灵的影响是任何教科书、任何道德箴言、任何奖励和惩罚手段都不能代替的。在学校，教师是学生的表率，在学生的心目中，教师是知识的化身，是做人的榜样。而且，教师的这种影响一旦凝结成为学生的内在品质，就会通过学生作用于社会其他成员，从而影响整个社会风尚。因此，教师要加强自身的道德修养、个性修养，完善自身的人格，在正确引导和帮助学生健康成长方面，引领社会风气之先，真正成为一个为人师表的“人类灵魂的工程师”。

（二）为人师表的具体要求

新《规范》中“为人师表”的具体要求是：坚守高尚情操，知荣明耻，严于律己，以身作则。衣着得体，语言规范，举止文明。关心集体，团结协作，尊重同事，尊重家长。作风正派，廉洁奉公。自觉抵制有偿家教，不利用职务之便谋取私利。

1.坚守高尚情操,知荣明耻,严于律己,以身作则

在教育教学活动中,教师所展现的思想品德、教学风格、治学态度、行为习惯,对学生有着直接影响。为人师表首先提倡教师要坚守高尚情操,知荣明耻,严于律己,以身作则。

教师以自己的模范品行来教育和影响学生,是教师职业道德的一个显著特点。在天真的孩子眼里,教师都具有某种权威性,甚至以为“老师说的都是对的”。在许多场合,教师都是学生最重要的表率,是学生最直接的榜样。教师的思想行为、作风和品格无时无刻不在感染、熏陶着学生。所以,教师一定要坚守高尚情操,知荣明耻,严于律己,要求学生做到的自己要首先做到,要求学生不做的自己首先不做,只有言行一致,表里如一,才能成为学生的楷模。

为人师表重在以身作则。教师的任务在于育人,不仅要用自己的学识教育学生,而且要用自己的人格去感化、教育学生。常言道,榜样的力量是无穷的。教师劳动的示范性特点决定了教师的思想观念、道德境界、理想信念都会对学生起直接的、重要的示范作用。教师的榜样示范作用是教育学生的一种好方法,也是培养学生成长的重要途径。实践证明,教师善于以身作则,用自己的好思想、好道德、好作风为学生树立好的榜样,就能给学生以启迪和激励,引导他们健康成长,并使学生终生受益。

2.衣着得体,语言规范,举止文明

教师的仪容仪表、言谈举止最直接地反映了教师的道德风貌和审美情趣,对学生具有重要的道德、审美价值和示范意义。

衣着上,教师的衣着服饰应符合职业特点、环境要求和审美标准。教师应当做到衣着整洁得体,服饰朴素大方。教师尤其不能蓬头垢面、浓妆艳抹、发型奇异。在学校,不穿露、透、紧身的服装。只有这样,教师才能确立良好的形象,才能受学生的爱戴和欢迎,给学生以好的精神感染。

语言上,教师的语言应该规范、文雅、亲切、自然。授课时教师要使用文明语,讲普通话,切忌语言低级、庸俗。语言要精练准确、言简意赅、生动清晰、合乎逻辑、富有美感。话语要抑扬顿挫、流畅自然，速度快慢适中。在任何场合，教师都要讲究文明礼貌，要自爱自重，尊重他人，保持良好的风范。特别要注意的是，在教育学生时，教师不能用刻薄蛮横的话语伤害学生，否则，不仅损害自身形象，还会给学生的心灵带来创伤，不利于学生健康成长。

举止行为上，教师要做到稳重得体、从容可亲。一个人的风度与他的气质、品德、情趣、文化素养、生活习惯高度相关。首先，教师的举止行为要稳重。教师的职业特点要求教师遇事必须冷静沉着，泰然处之，能够控制自己的情绪，约束自己的行为，树立良好的形象。其次，教师的举止行为还要可亲。“亲其师，信其道”，教育学生时教师态度要诚恳，使学生产生和蔼可亲之感。

3.关心集体，团结协作，尊重同事，尊重家长

关心集体，团结协作，尊重同事，尊重家长，是处理、调节教师与学校集体、教师与同事、教师与学生家长之间关系的道德规范。

首先，要正确处理个人与集体的关系。教师个人的工作与集体的合作是分不开的，教师个人的成长也离不开集体，因此教师要自觉把自己的发展与集体的命运联系在一起，依靠集体的发展来带动自己的进步。正因为如此，教师要牢固树立大局意识，自觉维护集体利益，关心集体发展，树立校荣我荣、校耻我耻的观念，把自己融入集体之中，和集体共同成长。

其次，要正确处理与同事的关系。当代社会倡导的是双赢、互利，教师也不例外。在教育教学中，提倡教师间相互竞争，能促使教师们振奋精神，奋发图强，在自己的教学岗位上作出更大成绩。但是，这种竞争不应破坏教师间应有的合作关系。教师之间只有相互协作、互相学习，才能共同提高，共同进步，培养出合格的人才。

再次，要正确处理与学生家长的关系。对待学生家长，教师一定要平等公正、以礼相待，充分尊重家长；切忌趾高气扬，随意指责训斥家长。在学校，有时可以看到这样的场景：班主任怒容满面地坐着，家长则陪着犯错的孩子，恭恭敬敬地肃立在一旁，接受班主任的训斥，这是何其难堪的一幕。学生犯了错，请家长到校配合教育本是情理之中的事，但千万不能伤害家长的自尊，更不能训斥家长，这与教师为人师表的要求是不相符的。教师要与家长之间建立起平等合作的关系，通过加强与家长的沟通和联系，形成教育合力，共同促进学生健康成长。

4.作风正派，廉洁奉公

作风正派，廉洁奉公要求教师要廉洁从教。廉洁从教是指教师要作风正派，发扬奉献精神，自觉抵制社会不良风气的影响，绝不利用职务之便谋取私利。教师只有坚持操守，作风正派，无私奉献，才能不辱教师的称号。正是由于教师使命的特殊，需要广大教师虽身居斗室，不忘为国分忧；虽两袖清风，不忘为学生操劳。教师劳动的艰巨性特点需要教师具有奉献精神。

发扬奉献精神，教师必须正确处理贡献与索取的关系。就这两个方面来看，个人对社会的责任和贡献是居于首位的，人生的真正价值在于对社会的贡献。教师正确认识、处理贡献和索取的关系，有助于在维护个人正当利益的同时，更好地发挥主观能动性和积极性，做好教育教学工作，推动教育事业的发展。

作风正派、廉洁奉公还要求教师要有高尚的情操。就是在开展教育工作中追求进步的高洁的感情、气节、操守。中华民族是一个讲究“情操”的民族。历史上许多仁人志士为了保持情操、气节，宁愿站着死，不愿跪着生。在教育领域，作风正派，廉洁奉公，品德高洁，是教师职业道德规范的应有之义，为古往今来立志于教育事业者所践行。

5.自觉抵制有偿家教，不利用职务之便谋取私利

“补课”、“家教”曾经是学生心目中多么温暖的字眼。老师利用课余休息时间给某方面欠缺的学生开小灶，弥补他们的不足。这充分体现了教师职业之崇高。随着市场经济的发展，“劳动有偿”概念广泛被接受，“掏点钱给孩子开开小灶”的“有偿家教”也逐步被人所接受和认可，但问题是“有偿家教”逐渐变了味，已经改变了补课的初衷，影响到正常的教学秩序，给学生增加了沉重负担。更有甚者，有些教师为了“有偿家教”牺牲正常教学，课堂留一手，课后家教补。这样的“有偿家教”严重背离了《中华人民共和国义务教育法》的相关规定，偏离了教育的精神内涵，将师生之间的纯洁关系异化为一种赤裸裸的金钱关系，扭曲了教师这一崇高的职业形象。

自觉抵制有偿家教，不利用职务之便谋取私利，是新时期教师职业道德的新要求。教师有偿家教，表面上看是教师牺牲自己的课余时间换取正常的劳动报酬，其实质是利用职务之便谋取私利，是牺牲自己的师德人格在赚钱，是建立在学生沉重负担基础之上的赚钱。这样的行为影响了正常的教育教学秩序，也违背了教育宗旨，影响了教师的职业形象。这种行为、这种现象，不但是广大家长、社会所不能接受的，也是广大教师所不能容忍的。对于这种利用职务之便进行有偿家教谋取私利的行为，我们要坚决反对。

传授知识，教书育人是教师的天职，如果动辄以家教为名谋取私利，既有损教师的形象，又有违职业道德。社会在进步，观念在变化，作为一名教师，处处为人师表，应是自己的自觉追求。

案例分析

最美女教师张丽莉：大爱暖人间 师德传天下

老师的爱如一道阳光，温暖着每个孩子的心灵。生命因奉献而美丽，若你是一颗种子，就要发芽；若你是一朵花，就要绽放。佳木斯女教师张丽莉奋不顾身，用瘦弱的身躯挡在学生前面，她为我们诠释了一名人民教师的光辉形象。

2012 年 5 月 8 日，一个平凡的日子，但在黑龙江省佳木斯市第十九中学校门口，却发生了一件不平凡的事。放学时分，校园和往常一样，充满着学生们的欢笑声，同学们陆续乘车返回家中，突然一辆失控的客车冲向两名学生，眼看……说时迟，那时快，正在一旁疏导学生回家的张丽莉老师，闪电般地冲向两名学生，推开他们，但是客车却无情地向张老师碾压过去……

张丽莉用一米六八的高挑身材为孩子架起了一道高墙，用自己的生命照亮了孩子今后的路程，她用生命谱写了一曲大爱无疆。回顾张丽莉受伤的那一幕，第十九中学教师李金茹泣不成声。“我当时第一反应是丽莉完了，大喊快救张老师。孩子们也高喊，张老师怎么了！”李金茹说，“其实丽莉当时如果躲开完全有充足的时间，但她把精力放在救学生上了！”

事故发生时，由于肇事的女驾驶员精神溜号，还与车上人说着话，将腿别到操纵杆上，车辆一下子蹿了出去，与前方停在路边的另一辆客车相撞，顺势又撞到停靠在路边的同向依维柯客车及对向的一辆本田轿车。晚课放学时，人群密集，十九中学教师张丽莉在疏导学生过程中，发现车辆撞向学生，危急情况下，她将学生奋力推向一旁，自己却被碾到车下。

当张丽莉被抬上救护车时，现场血肉模糊，惨不忍睹，大家自觉排在一边，让开抢救的道路，焦急地注视着张丽莉，默默为她祈祷，在送去医院的途中，出租车都自觉闪开，为抢救赢得了宝贵的时间……她为了推开学生，自己被撞的多处骨折，双腿高位截肢，事发后被送往重症监护室。她的英雄事迹迅速传遍大街小巷，整个佳木斯市被她震撼了，整个黑龙江省震动了，全国人民都被她的英勇行为深深感动了……人们通过各种方式，向她表达了敬意，向她伸出了援助……此时此刻，张丽莉老师不但温暖了一个民族，感动了一个国家，而且照亮了一个心灵的世界！

这并不是张丽莉第一次救人。2009 年冬天，张丽莉班里一名学生生病了。她领着几名班干部去看望。过马路时一辆自行车因为坡路太滑，摇摇晃晃地朝她的学生撞了过来，眼看就要撞上了。这时，张丽莉猛地一把将这位学生揽在怀里。这位学生倒没什么事。可是张丽莉却被自行车撞了个正着，狠狠地摔在了地上。

张丽莉出身在一个教育世家，从小就渴望做教师。张丽莉进入依兰师范学校后，不仅学习好，而且思想上积极上进。依兰师范学校的培养，为张丽莉在日后工作中逐渐显露出的优良品质打下了良好基础。2004 年，张丽莉顺利通过了“专升本”考试，进入大庆师范学院。“只有有爱心的教师，才能培养出有作为的学生。”张丽莉时时刻刻用心诠释“师爱”这两个字的真谛，用自己诚挚的爱去温暖每一位学生。这应是所有教师学习的。

张丽莉常说：“无论是亲情、友情、师生情，每一份爱，都需要我们以无私的付出去维系，以真诚的沟通去经营，只要我们用心去关爱每个人，我们的世界就永远充满阳光。”在丈夫眼里，她是个好妻子，只要她不忙，总是做好饭菜等待丈夫归来；在父母眼里，她是一个好女儿、好儿媳，每当生日或是重大节日，都能收到张丽莉精心准备的礼物；在年近九旬的姥姥心里，她是一个好外孙女，无论是换季的衣物，还是最喜欢的食品，张丽莉总是想着姥姥。

在与学生日常相处的过程中，张丽莉让每一个学生都学会懂得爱。只要班级的孩子生病住院，张丽莉都要到医院去探望，并在下班后抽出时间去照料。她还会组织同学集体去医院探望，每个同学只需送上一个水果，上面贴上对患病同学的祝福语和心里话。用她的话说：虽然只是一个水果，但情义无价，它是一份同学的真情，一份真诚的关怀，我要用这样的方式让每一名学生都懂得关心身边的朋友，关爱每一个需要帮助的人，让真爱渗透到每个孩子的心灵。

张丽莉被中宣部评为“见义勇为最美人物”，她向我们展示了她热爱生活、积极向上、乐观坚强的生活态度。她对学生的爱，对生活的爱，对职业的爱都完美地表现在每一天。张丽莉老师是平凡的，没有豪情壮语，在平凡中她热情的工作，在细微中关爱着每个学生，正如她的学生所说“我们的老师从来都不放弃任何一个学生”。张丽莉用她的行动展现了新时期教师的风范，也彰显了她的美。她是教师学习的楷模，是我们实现人生价值的标杆。她为教师立范、为社会立标、为世人立信、为人性立尊。

（资料来源：央视网，2016 年 3 年 24 日。）

【点评】“最美教师”张丽莉生死关头舍己救人，用无私大爱谱写了一曲生命的赞歌，体现了一名人民教师的崇高风范，塑造了新时代人民教师的光辉形象，生动诠释了高尚师德和社会主义核心价值观。她危难时刻不惜用自己的生命保护学生的英雄壮举更让孩子们懂得什么是高尚的品德，什么是勇敢的精神。正如2013年感动中国颁奖词所言：“别哭，孩子，那是你们人生最美的一课。你们的老师，她失去了双腿，却给自己插上了翅膀；她大你们不多，却让我们学会了许多。都说人生没有彩排，可即便再面对那一刻，这也是她不变的选择。”

资料卡片

教育部出台6条禁令严禁教师收受学生礼品礼金等行为

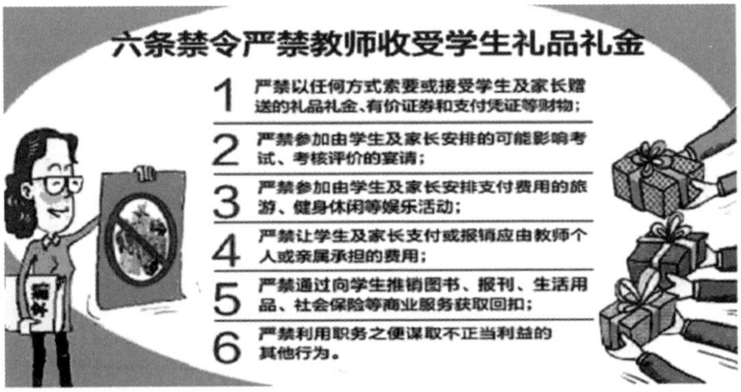

（资料来源：教育部网站，2014年7月14日。）

六、终身学习

终身学习是教师专业发展的不竭动力，它是时代发展的要求，也是教师的职业特点所决定的。1996年联合国教科文组织的《教育——财富蕴藏其中》报告认为：终身教育贯穿人们的一生，是进入21世纪的一把“钥匙”，要把“终身教育放在社会的中心位置上”。终身学习强调对于现代社会中的人来说，学习不是一次性完成的，需要继续教育、终身教育。教师崇尚科学的重要表现就是要树立终身学习的理念。

（一）终身学习的含义

终身学习是教师专业发展的不竭动力。终身学习是指教师要崇尚科学精神，树立终身学习理念，通过拓宽知识视野，更新知识结构，潜心钻研教育教学业务，不断提高专业素养和教育教学水平。

终身学习是时代发展的要求。当今世界，科技突飞猛进，信息与日俱增，社会各个领域的知识不断由单一走向多元，不断向更深更广的层面发展。对于现代社会中的人而言，学习是不可能一次性完成的，企图通过一次性受教育，就能获得胜任教师岗位所需要的所有知识的观念已经过时。因此，自发的、主动的、持续的接受教育和学习，将贯穿于整个人生。作为一名教师，更应树立终身学习理念，不断丰富自己的知识储备，以适应教育改革和发展的需要。

终身学习也是由教师的职业特点所决定的。教书育人是教师职业的显著特点，它要求每位教师必须具备自我发展、自我完善、自我更新知识的能力。并通过不断提高素质、更新知识和能力结构，以及转变教育观念，使自己在教育教学上跟上时代步伐，加深对教育和学科最新发展方向的了解和把握。因此，教师必须树立终身学习理念，通过持续的潜心钻研业务，勇于探索创新，不断提高专业素养和教育教学水平。

（二）终身学习的具体要求

新《规范》中“终身学习”的具体要求是：崇尚科学精神，树立终身学习理念，拓宽知识视野，更新知识结构。潜心钻研业务，勇于探索创新，不断提高专业素养和教育教学水平。

1.崇尚科学精神，树立终身学习理念，拓宽知识视野，更新知识结构

联合国教科文组织在《世界教育报告(1998)·教师和变革世界中的教学工作》中指出：“人们逐渐认识到，教学同其他职业一样是一种‘学习’的职业，从业者在职业生涯中自始至终都要有机会定期更新和补充他们的知识、技巧和能力。”教师从事的工作，从某种意义上说就是科学工作，教师的教育教学过程要遵循教育教学规律，特别要遵循青少年成长规律、思想品德形成

规律。因此，教师必须崇尚科学精神，树立终身学习理念。并且善于将科学精神传递给学生，引导学生积极、主动地掌握知识。

时代对教师的要求越来越高，教师良好的素质并非与生俱来，而是通过不断学习才能获得。新的教育理念认为，终身学习是当代教师成长和发展的必由之路。教师要把终身学习看作是一种社会责任和自身发展的需求。教师良好的素质并不表现在一纸文凭上，教师的学历不等于能力，只有持久不断地学习，教师的能力才能不断增强，素质才能不断提高。陶行知先生说过："要想学生学好，必须先生好学，唯有学而不厌的先生，才能教出学而不厌的学生。"只有教师不断读书、更新知识，学生才能学会读书、学会学习；只有教师学会终身学习，才能教会学生学会终身学习。

2.潜心钻研业务，勇于探索创新，不断提高专业素养和教育教学水平

终身学习也是教师不断提高专业素养和教育教学水平、实现专业持续发展的根本途径。教师绝不能满足于对原有知识的掌握和经验积累，要不断加强业务学习，提升自己的科研能力和创新意识，自觉把教育教学过程变成培养学生创新精神、激发学生创造力的过程。特别是随着网络的普及，学生每天都要接受大量信息，面对东西方不同文化的碰撞，面对学习和生活中的诸多压力，他们时常会感觉困惑。教师只有不断充实自己，掌握现代教育技术和教学技能，较好地应对时代变化，才能更好地传道、授业、解惑。

陶行知先生指出："要想做教师的人把岗位站得太久，必须使他们有机会，一面教，一面学，教到老，学到老。当然，一位进步的教师，一定是越教越要学，越学越快乐。"创新型人才的培养是教育的要旨，但少部分教师因循守旧、习惯模仿，缺乏创新精神。教师只有通过学习，才能掌握现代化教学手段，传播先进文化，造就创新人才。教育不再是随着学校学习的结束而结束，那些抱着老观念、旧思想的教师势必将被淘汰，即"逆水行舟，慢进则退，不进则亡"。教师要胜任教书育人的神圣使命，必须潜心钻研业务，勇于探索创新；必须随时补充、更新、调整自己的知识体系，使自己的思想观念和知识跟上科学发展的需要。

总之，教师必须认清终身教育和终身学习对自身成长、发展的重要意义，自觉树立终身学习的理念，不断提高自身素质，跟上时代发展的需要，以适应现代教育的需要。教师只有树立终身学习的理念并付诸行动，才能获取可持续发展的动力源泉。

资料卡片

中小学教师职业道德考核内容

1. 爱国守法。热爱祖国，热爱人民，拥护中国共产党领导，拥护社会主义。全面贯彻党和国家教育方针，自觉遵守教育法律法规，依法履行教师职责权利。不得有违背党和国家方针政策的言行；不传播、散布损害国家主权、安全和社会公共利益的言论；不传播宗教和宣传封建迷信。依法履行教师职责权利，不得以任何理由、任何方式有碍完成教育教学任务，不得以非法方式表达诉求、干扰正常教育教学秩序、损害学生利益、毁损学校名誉。

2. 爱岗敬业。忠诚于人民教育事业，有强烈的责任心，树立育人为本、做人民满意教师的理念，勤奋工作，尽职尽责，静心教书，潜心育人，甘为人梯，乐于奉献，自觉履行教书育人的神圣职责。正确处理个人与集体、奉献与获得之间的关系，反对拜金主义、享乐主义和极端个人主义。认真完成备课、教课、作业批改、课后辅导等环节的教学工作，并积极承担教科研任务。不得未备课、无教案上课，不得随意调课或私自找人代课。

3. 关爱学生。坚持以学生发展为本的理念，关心爱护全体学生，尊重学生人格，平等公正对待学生。构建民主、平等、和谐的新型师生关系，同时在日常教育教学管理中，注意采取适当方式对学生进行批评教育，促进学生全面、主动、健康发展。对学生严慈相济，做学生的良师益友。关心学生安全和身心健康，维护学生权益与尊严，危急时刻挺身而出保护学生安全。不得歧视学生，不得体罚或变相体罚学生，杜绝侮辱学生人格尊严的行为。

4. 教书育人。遵循教育规律，实施素质教育。循循善诱，诲人不倦，因材施教。注重学思结合，激发学生创新精神和实践能力，促进学生全面发展。培养学生良好品行，结合所教学科特点将德育渗透于教育教学工作中，塑造学生健全人格。精心组织课堂教学和实践教学活动，努力提高教育教学质量，切实减轻学生课业负担。严禁对学生有偿补课和有偿家教，不得私自在校外兼课、兼职，不得组织学生统一征订教辅材料。

5. 为人师表。坚守高尚情操，知荣明耻，淡泊名利，诚实守信，模范遵守社会公德，积极参加社会公益活动。严于律己，廉洁从教。具有良好的仪表，衣着得体，语言规范，举止文明。不在课堂上吸烟、接听手机；不在工作时间及工作场所饮酒、打牌、下棋、上网聊天或玩游戏；不参与赌博活动。不得透露各类考试内容或组织、参与学生考试作弊；不得在招生、评估考核、职称评审、科研教研等工作中弄虚作假。不得以任何手段抄袭、剽窃和侵占他人劳动成果。严禁利用职务之便向学生或家长谋取私利。

6.终身学习。崇尚科学精神，掌握先进教育教学方法，使用现代教育技术和手段，潜心钻研业务，积极参加继续教育及各种形式的业务培训，不断提高专业素养和教育教学水平。树立终身学习理念，拓宽知识视野，更新知识结构，不断提高教书育人的能力水平。要把“修身、敬业、爱生”作为自觉行为，通过教育叙事、师德反思、业务自传、校本研修等方式增强职业道德修养，提升职业道德水平。

（资料来源：安徽教育网，2013 年 3 月 29 日。）

案例思考

“园长妈妈”像太阳

——记 2012 年全国教书育人楷模孙明霞

“睡吧，睡吧，我亲爱的宝贝，妈妈的双手轻轻摇着你……”这首《摇篮曲》是安徽省淮南市直机关幼儿园园长孙明霞最爱听爱唱的歌。她说，喜欢这首歌是因为它轻柔、动人，幼儿教师就是要做“妈妈老师”，用母亲般的温柔和全部的爱去温暖孩子、培育孩子，让他们健康快乐地成长。

1986 年，怀揣着美好梦想，孙明霞走出淮南师范学校的大门，成为一个“推摇篮的人”。孩子不会画画，她便手把手地指导；孩子哭闹不休、扔东西，她就耐心地给他们讲故事、陪他们做游戏；孩子们午睡休息了，她把每个小朋友的手放进被窝，把被角掖好……一天晚上 10 点了，有个孩子也不见家长来接，电话又联系不上，孙明霞就把孩子带回家。孩子闹肚子，弄脏了裤子，她为孩子洗了澡换上干净衣服。第二天，面对家长的感谢，她说：“我是孩子的‘妈妈老师’！”

身为教师，除了爱心耐心，还必须有教育孩子的本领。孙明霞在教育内容、教育方法、教育原则上不断探索。她与同事承担中央教科所的《玩具及操作性学习方式与幼儿创新能力发展关系的研究》课题，获全国优秀奖并被定为全国教育科学“十五”规划重点课题。孙明霞将成果应用于实践，大大提高了孩子们手脑灵活运用、观察、语言表达和动手操作能力。孙明霞创意编排的幼儿舞蹈，连续 10 年在国内外荣获大奖。

田二幼、田三幼、田四幼、田五幼、市直幼……孙明霞曾经工作过的 5 所幼儿园都先后被评为省市一类园，同事称她是“工作的带头人，也是带头工作的人”，是“走一点、红一块，走一线、红一片！”

每天清晨，她满脸笑容地从家长手里接过孩子们的小手；傍晚，她又笑容可掬地与每个幼儿、家长挥手再见。“园长像什么？”要是在幼儿园门口问一问上学放学的孩子，他们准保会说：“‘园长妈妈’像太阳！”

（资料来源：《光明日报》，2012 年 9 月 18 日。）

思考：

全国教书育人楷模孙明霞的事迹体现了哪些师德规范？

思考训练

1. 为什么说爱国就必须守法？
2. 怎样理解教师对职业的忠诚？
3. 在日常教育教学中，教师如何做到严慈相济？
4. 如何理解“教书育人”是教师的天职？
5. 论述教师“为人师表”的具体要求。
6. 如何理解“终身学习”是教师专业发展的不竭动力？
7. 结合身边优秀老师的事例，谈谈如何做一位师德高尚的人民教师。

专题四

教师职业道德修养和教师职业行为

学习指南

1. 了解教师职业道德修养的意义。
2. 理解教师职业道德修养的原则。
3. 掌握教师职业道德修养的方法。
4. 理解良好的教师课堂教学行为和师生交往的意义。
5. 掌握教师课堂教学行为和师生交往的基本规范要求。
6. 能从典型案例中获得有益启示，并结合自己的教育教学实际自觉加强教师职业道德修养，自觉规范自己的课堂教学行为，提高师生交往质量。

问题驱动

随着教师职业道德修养发挥越来越重要的作用，教师课堂教学行为和师生交往状况引起人们的高度关注。教师如何加强职业道德修养？如何规范自己的课堂教学行为？怎样进行师生交往？本专题将通过理论学习、案例分析等给我们提供有益参考。

案例导航

一位刚走上讲台的教师在上课时，听到一位学生正和同桌大声讲话，于是很生气地对该学生讲“不听的也不要讲话，影响上课的纪律”。

学生嘀咕道，“讲的超难听，谁想听啊”。教师听了就更生气了，“你还接话，真是一点家庭教养也没有”。学生更加激动，“老师，我的家庭有没有教养，关你屁事”。于是，这节课就转成师生间的一堂冲突课……

思考：

课堂上，面对不认真听课的学生，教师应采用怎样的教学语言呢？

《中共中央国务院关于深化教育改革全面推进素质教育的决定》（以下简称《决定》）指出：“教师要热爱党，热爱社会主义祖国，忠诚于人民教育事业；要树立正确的教育观、质量观和人才观，增强实施素质教育的自觉性；要不断提高思想政治素质和业务素质，教书育人，为人师表，敬业爱生；要有宽广厚实的业务知识和终身学习的自觉性，掌握必要的现代教育技术手段；要遵循教育规律，积极参与教学科研，在工作中勇于探索创新；要与学生平等相处，尊重学生人格，因材施教，保护学生的合法权益。”《决定》对教师素质的要求，既是教师职业道德修养的目标，又是教师教育活动中要遵循的行为准则，是学校教师职业道德建设的方向。本专题通过明确教师职业道德修养的意义、原则和方法，了解教师教育教学行为的基本要求，加强师德修养的自觉性，不断提高自身素质。

一、教师职业道德修养

“学高为师，德高为范”。重视师德修养是中华民族的优良传统。伟大的教育家孔子曾说:“德之不修,学之不讲,闻义不能徙,不善不能改,是我忧也。”孟子也曾说:“存其心,养其性,所以事天下。夭寿不二,修身以俟之。”“君子之首,修其身而平天下。”在新课程改革越来越深入的今天,教师的理想品德、学识才能、言谈举止等都将对学生产生潜移默化的影响,加强教师职业道德修养具有重要意义。

(一)加强教师职业道德修养的意义

教师职业道德修养是指教师在职业道德方面的自我认识、自我锻炼、自我改造和自我提高,是教师自觉将社会主义道德原则、规范和要求转化为自己道德品质的道德活动。加强教师职业道德修养,对教师道德人格的完善和工作成效的提高都具有重要意义。

1.加强教师职业道德修养有利于教师道德人格的不断发展和完善

教师良好的道德人格不是与生俱来的,也不可能自发形成,而是在后天的教育教学实践中逐渐形成的。教师只有通过教育教学实践,才能认识社会发展的规律和特点,了解社会主义教师道德的内容和意义,并通过自身修养,将道德认识内化为自己的道德情感、意志和信念,进而外化为自己的道德行为和习惯,形成一定的道德品质。

教师职业道德修养在教师道德品质的形成和发展中,具有决定意义。教师通过积极的自我教育,不断提高自身的道德认识和选择能力,克服一切非社会主义道德意识的影响,从而提升自己的道德境界。

2.加强教师职业道德修养有利于教师提高工作成效

一名合格的教师不仅要掌握一定的专业知识,懂得教育教学规律,具有较好的教育教学能力,而且要有较高的职业道德修养。这样在工作中,才能不断提高对教师道德的认识,规范自身的道德行为,努力培养自己具有良好的道德品质,激发自身的积极性和创造性。

教师肩负着教育和培养社会主义“四有”新人的崇高使命,为了培养青年一代,不断提高工作成效,应自觉加强教师职业道德修养,努力使自己成为一个学生喜爱、社会推崇的模范。

（二）教师职业道德修养原则

教师加强职业道德修养的过程实质上是一个多种因素相互作用、多种矛盾交织的运动过程。教师要实现自身道德品质从无到有、从低到高的转变，必须坚持以下基本原则：

1.知行统一的原则

知是教师对教师职业道德的认识及其在这一基础上所形成的观念等，是教师职业道德修养的前提和基础。行即行为，是教师把职业道德理论认识付诸行动，是教师职业道德修养的目的和归宿。

坚持知行统一的原则，教师要把学习道德理论、提高道德认识同自己的行动统一起来，使理论与实践相结合。

教师的师德观念不是自发产生的。教师只有掌握科学的世界观、人生观、价值观和教师职业道德的基本常识、基本原理，懂得什么是善，什么是恶，什么是美，什么是丑，什么是真，什么是假，什么是高尚的行为，什么是卑劣的行为，什么是人民教师应当具备的职业道德品质，为什么应当具备这些道德品质等，才能提高对师德的认识，形成师德观念，为师德修养提供科学的理论指导。

2.动机和效果相统一的原则

动机和效果是人的行为中互为存在和转化的两个要素。动机是人的行为的思想动力。离开动机，就不会有行为的发生，也就不会有什么效果。

教师职业道德修养的过程实质上是动机和效果相互依存和相互转化的过程。教师要真正担负起为人师表、教书育人的职责，必须把内在动机转化为外在行动，自觉用教师职业道德的基本原则规范自己的言行，将之运用于自己的工作和生活实践，以提高工作效果。

3.自律和他律相结合的原则

自律和他律的关系，实质上就是内因和外因的关系。在师德修养中，教师自身的内心信念起着决定性作用。

一名教师只有发自内心地对人民教师道德义务的真诚信服和具有强烈的责任感，才会在教育教学实践中恪守人民教师的道德要求，并会因自己在教育活动中履行了某种道德义务而感到精神上的愉悦和满足，形成一种信念和意志，并在今后的教育教学工作中持之以恒地坚持。

4.传承和创新相结合的原则

师德是随着社会经济关系的发展变化而不断发展变化的。在加强师德修养过程中，传承和创新必须同行。教师要结合当代社会主义经济政治实际和新课程的实践，借鉴和弘扬优秀的师德传统，不断创新和重建社会主义师德。

社会主义教育事业是不同于以往旧教育的崭新事业，教师处于新的社会环境中，肩负着新的历史使命，会不断遇到新的问题，因此，师德修养也就不能停留在一个水平上，而要不断创新。

5.个人和社会相结合的原则

在加强教师职业道德修养过程中，个人应与社会相互作用，相互影响。教师加强职业道德修养的每一步都离不开社会，离不开社会舆论的监督。社会对教师提出了很高的道德要求，这就为教师进行师德修养提供了外在动力和努力方向。社会要尊重教师的身份和地位，为每个教师进行道德行为选择奠定客观基础，并通过舆论、评价等方式促使教师道德品质的升华。

总之，教师职业道德修养要根据时代发展和新课程改革的要求，既不断传承创新，又遵循知行统一原则。只有这样，教师的师德修养才能达到一定高度，教师的师德水平才能不断提高。

（三）教师职业道德修养方法

教师良好的职业道德修养并不是先天固有的，必须在科学理论的指导下经过长期实践锻炼才能形成。理论和实践相结合是提高教师职业道德修养的根本途径。教师在加强职业道德修养过程中，不仅要坚持理论和实践的结合，还要不断总结经验和方法。我国古代思想家曾经探索用“内省”、“修身”、“读书”、“静养”等多种方法来加强道德修养。今天，教师加强职业道德修养，尽管因时间、地点等不同，修养方法有所区别，但是，加强理论学习，重视内省和慎独，积极参加教育实践，虚心向他人学习，持之以恒等方法，仍是带有普遍性的修养方法。

1.加强理论学习，重视内省和慎独

教师要自觉加强理论学习，树立正确的世界观、人生观和价值观。同时，又要重视内省和慎独。

内省，是指一个人自觉加强思想约束，内心时时反省和检查自己的言行。慎独，既是一种崇高的道德境界，又是一种道德修养的重要方法，是指在别人看不见、听不到的时候，甚至在独处闲居的时候，都能小心谨慎，严格要求自己，使自己的言论和行为符合社会道德要求。

教师的劳动具有极强的自主性和独立性，这需要教师更加重视慎独的修养方法。

案例分析

把琐碎铸成伟大

蒋长玲，四川省成都市武侯实验中学语文教师，班主任。武侯区优秀教师，武侯区优秀德育工作者，全国新教育先进个人。从教24年，当班主任20年。……

曾经是灭绝师太、全职保姆、消防队员，留下些遗憾的人和事。但现在的我和孩子们越走越近。当听到我声音有点沙哑了，立刻就有孩子给我喂润喉糖；当我感冒咳嗽了，办公桌上就会有一大堆药，还有写着"亲爱的蒋妈妈，不要再生病了"的字条……

七年级时，孩子们说我是班上的"女主角"；八年级时，我是"永远的班妈妈"；九年级的时候，他们说我是"美版小矮人"——不仅鄙视我的身高，还取笑我不漂亮的外貌。

师生一场，我们俨然已经成了家人、亲人。毕了业的孩子，都说我们班级像家庭一样的温馨，师生、同学之间亲人般的情义，是生命中最温暖的记忆。

你若盛开，蝴蝶自来。渐渐地，以前怎么也轮不到我沾手的奖励，都接踵而至。

大家都笑话我拿奖拿得手软，但我觉得，这些都是额外的奖赏。

成全我今天的，正是这些我遇见过的孩子们。那些我曾经辜负了的孩子们，那些我曾经蹉跎的岁月，终于都变成了光，照亮了我现在的路。

那一碗清汤荞麦面

那年，我刚刚中师毕业，18岁，感觉自己还是个孩子，个子还没有学生高，却已当上七年级的班主任。

班里有个男孩儿，圆圆的脸蛋，还带着点婴儿肥。面如桃瓣，目若秋波，却不招人喜欢。他一年四季穿的衣服都偏短小，不合季节，而且很脏。无论什么颜色的衣服，都会被他穿成黑色，有些部位还会黑中透着亮，似乎一直不曾换洗过。刚刚升入初中，他就常常不完成作业，然后开始逃学，打架……

两个星期后，我去家访。

听说我来了，他父亲从地里赶了回来。满腿的泥浆都没洗，光着脚，裤管卷得高高

的，手里拎着一双塑料拖鞋。想请我坐，可是屋里屋外找了一圈，却没有找到一个凳子。实在没辙，从堂屋里提出来半袋化肥，把上半截空袋子按了又按，做成凳子模样，连声说："蒋老师，你坐嘛。"我终于还是没有坐。

他的父亲和爷爷都是老实巴交的农民，每天泡在地里，也刨不出足够的粮食来保证三个人的口粮。孩子一犯错，爸爸就只会打骂，再无其他方法。

我没有多说什么，就离开了。

孩子仍然不做作业，逃课，打架……

寒假过后，新学期开学，孩子就辍学了。听说是在寒假里偷了公社的东西，被他的爸爸吊起来打……

我大大地松了口气，学校约束不了他，总有地方能约束他，我终于不用再为他烦恼了。

去年，我又接手了一个新班，李镇西老师来给孩子上《一碗面・一首歌》的班会课。请孩子们"吃面"是李镇西老师的传统保留节目，我已经数不清自己听过多少遍了，每次听都会有新的感受。这一次我也和孩子们一起，全程听完了李镇西老师讲《一碗清汤荞麦面》的故事。

这次的这碗面，却让我想起了他。

当年他辍学后，一直到现在，我都不曾见到过他。前几年听到一点他的消息，说是后来也没什么正经的事做，终于还是犯罪获刑。

今年 4 月，在洛阳遇到一位小学一年级的年轻班主任，她说起自己班里有一个男孩，很调皮，当初让她很头痛。可是后来男孩转学了，不知道男孩现在怎样了，现在的老师对他好不好……说着说着，她哽咽了。

现在，我只想对这个孩子说对不起，我年轻时不懂得教育，没能教好你。孩子，如果让我现在遇到你，我会和你一起读《一碗清汤荞麦面》。那样，你也许就会用自己的劳动，去挣得属于自己的那碗"面"了吧。

我的钓鱼时代

17 年前的那个暑假里，我从工作了 7 年的乡村学校调到镇初中。因为学校工作的不愉快，我开启了自己的钓鱼时代。周一至周五，我都只有半天有课，另外半天就去钓鱼。周末就带上午饭，整天都耗在池塘边。我和那些退休大爷一起，守在鱼塘边，风雨无阻。画面虽有些违和，但我乐在其中。秋去春来，我在钓鱼事业中勤勤恳恳，兢兢业业，刻苦钻研，不断创新。我的钓鱼技艺进步极大，成绩突出，收获满满。

我成了一个不务正业的人，成了一个我曾经很讨厌的那种人。

那些我曾经的学生，也在纷纷跟我抱怨，说新的班级没有原来的班级好，新的班主任排斥他们，不公平地对待他们，害得他们没有干劲，不想学习了。课堂上开始发呆，作业也多是敷衍。

他们的那些抱怨，何尝不是我心中对学校、对领导的抱怨。他们所采取的应对方式与我的钓鱼如出一辙。我在池塘边钓鱼的时候，他们在教室里"钓鱼"。我就这样用自己的行动，教会了他们抱怨、教会了他们自暴自弃。

我终于发现自己犯的错有多么可怕。

我把钓鱼工具全部处理了，我发誓退休之前不再钓鱼。

后来也多次经历中途分层教学，偶有学生回来跟我说他在别的班受排挤，不受老师重视。我只是告诉他：要让别人注意到你，你自己要足够亮。把自己做到更好吧，如果你上课是最认真的，回答问题是最积极的，作业是最工整的，还有哪个老师看不到你呢？

我也用自己的行动践行着我说的话，我努力向优秀的班主任学习，把自己的班带好。最终，我所带的班也确实成为同层次班级中最好的。

拒绝负能量，我绝不能让孩子们再从我身上学到抱怨。

“磨人的老妖婆”

初三下学期的某一天，我收到了一位男孩给我写的一封信。孩子告诉我，他很喜欢我，很喜欢我教的语文。他还说有一个心事，一直想要告诉我。可是快毕业了，都没能跟我好好谈谈，所以只好写信了。

孩子在两年前有了这个心事时，就盼望着我能倾听他的诉说，能排解他的忧虑，给他指点迷津。而我，却让他一直等了两年。

唉！真没想到每天见面的我们，却要借助书信来进行交流。

那么信任我的孩子，把一切心事都告诉我的孩子，我却没能给他当面交流的机会。我这两年到底做了什么？

我精益求精地备课，激情满怀地上课，认真及时地批改作业。同事都夸我教得好，学生的成绩也都不赖。

所以，我认为自己即使算不上一个优秀教师，但至少也是一个合格的教师吧。

但这个孩子的来信，却使我改变了这种自以为是的想法。

不懂得关爱学生的人，不配入教育的圣殿。苏霍姆林斯基也说：“尽可能深入了解每个学生的精神世界——这是教师和校长的首条金科玉律。”

自此，语文课结束后，我都逗留在教室里。孩子们自习课的时候，我也常去教室里转转。这时候，我才发现那一双双望着我的眼神，那些渴盼的眼神。

在以后的教学中，我下课的时间几乎都在教室里，与孩子们待在一起。时间长了，我们就形成了一种“课间扯八卦”的模式。班里开心、不开心的事，孩子们都告诉我。他们的快乐会与我分享，他们的伤心我替他们分担。

进入初中的孩子，也开始出现青春的萌动了，个别孩子还大有破土之势。

有一对就在一次大型学校活动期间显摆了一回，成功地吸引了众多的目光。

他们在教室、在操场都出双入对。他们并排坐在一起，共用一个耳机，享受着同样的旋律。

“秀恩爱，死得快。”大家都认为我应该告诉家长，但是我如果突破了这条线，他们今后的行为就真的会无底线了。

我要当王母娘娘了？不，这次我要换个角色。我摇身一变，本来想变成“磨人的小妖精”。无奈，在岁数和长相的共同作用下，我变成了“磨人的老妖婆”。

你今天脸色好苍白哟，是不是没吃饭啊？过来，让我看看。

你今天脸红红的，是不是发烧了？过来，我摸摸额头。

你今天又穿新鞋子了？又炫富！过来，让我踩一下。

感冒啦？走，我带你去看医生，回来再带你去吃"天天见面"哈。

今天你嗓子不舒服，咱今天不吃醮饺哈，吃个白味的馄饨吧。

……

在我的强烈攻势下，他俨然成了我的亲儿子。

然后——

落老师，下节课是语文，我来接你，我帮你拿东西。

张耀，你跑来干什么？你是语文科代表吗？怎么能抢我的事情？

落老师，我觉得我又感冒了，主要是因为我又想吃"天天见面"了。

……

然后的然后，"谁是贾玲？"

然后的然后的然后——

又有一对想破土的了，我暗想，我又要多一个亲儿子了。

初中阶段的男女生交往，有时候是孩子自己搞不清楚状况，以为上学路上一起走走、零食分着吃吃就是恋爱；有时候是家长教师太小题大作，乱扣帽子；也可能是孩子在父爱或母爱方面的缺失……

没有千差万别的个性，没有猝不及防的状况，那是工厂里制造零件的流水线。学校是一个培养人的地方，总会有各式各样的师生过招。

赫尔巴特说："孩子需要爱，特别是当孩子不值得爱的时候。"孩子们有这样那样的问题，我不怕，"爱"就是我最无敌的那一招。我和孩子们斗智斗勇，其乐无穷。他们在成长，我也在成长。所以，我不惧怕乌云，有时更期待风雨。

不是每个班都有故事

几年前，在李镇西老师的"威逼利诱"下，我开始进行新教育实验，它改变了我的行走方式。让我从琐事中解放出来，我不再被孩子们牵着走，而是每天都在盘算着让孩子们开心、也让我觉得幸福的事情。

"谁站在教室里，谁就决定了教育的品质，甚至决定了孩子的命运。"作为孩子们生命成长过程中的"重要他人"，我倍感肩上责任之重大。

教室是一根扁担，一头挑着课程，一头挑着生命。我把教室作为立足点，把缔造完美教室和开发卓越课程同时进行。

带雏鹰班的时候，我主要开展了节日活动课程。学校里的每个节日、中国传统节日、班级生日等，我们都设计了相应的活动。

在这些活动中，孩子们会得到各种成长，连科任老师也被裹挟了进来，更是拉近了师生之间的关系。

比如，一个英语话剧的表演，数学老师幸姣龙以他奇特的装扮、搞怪的表演、夸张的"川普""川英"，一下子由七班"男神"跃升为七班"男神经"。在以前的活动中，他还是拽实哥、贪吃哥、励志哥……他总是孩子们最喜欢的那一款。

有一次数学课下课，一个女孩到我办公室里来找感冒药，说刚才课堂上幸老师声音有点儿嘶哑，还咳嗽了几声，她要去给幸老师喂药。我只能望着她的背影哀嚎：你们的语文老师还有班主任(其实都是我)已经哭晕在办公室了。

再如,到初三下学期,孩子们的学习非常紧张。第一次月考前夕,教室里的空气似乎都不流动了。恰逢复活节,我就联系面馆老板帮忙煮了一锅鸡蛋,又在门外小卖部里画成彩蛋。趁孩子们不在教室时,把这一锅彩蛋藏进了教室。

等到孩子们回来后,我不上语文课了,给他们讲复活节的来历。然后告诉他们,教室里也有很多彩蛋。一声令下,教室里就翻了天,地毯式的搜索,我也被搜了几次身。最后当然是吃蛋时间,教室里洋溢着鸡蛋的清香和孩子们的欢笑声。

只要付出,就有收获。第二天,我们班的老师就收到了孩子们送来的彩蛋。我收到了一个男孩对我的表白,科代表给我做的表情包,还有腼腆的班长给我画的小清新彩蛋。其他科任老师收到的彩蛋都比我的多。

这次复活节的活动后,孩子在接下来的月考中取得了非常好的成绩。

再如,初一时母亲节的活动,直到现在我们还记忆犹新。在活动现场,所有妈妈都收到了孩子的祝福和礼物。全班学生不约而同地喊我"蒋妈妈",那是幸福指数要爆表的节奏啊。

幸福,其实很简单:3 年前,我从家长的手里、从小学老师的手里接过这群孩子。在这共同成长的 3 年里,我们编织每一天的故事,给未来留下温暖的回忆。3 年后,我把善良、正直、睿智、勤奋的少年交给他们的父母,交给高中的老师。我就无愧于他们喊我一声"老师"。就像种下的紫藤萝、安吉拉,在我的守护下,花开如瀑,花香似海。这,就是我最大的幸福。

有人说:"每个人都会死,但并不是每个人都活过。"我说:"我们带的每一个班都会毕业,但并不是每个班都有故事。"把一堆琐碎的日子,铸造成伟大的人生;让自己带的每一个班,都成为一部生命的大片。我也有过职业倦怠,也曾经间歇性踌躇满志,持续性混吃等死。但现在的我,知道前方已有路,未来直可期。

同事说:

要说老蒋,首先得说她的幽默风趣。不!这词似乎还浮浅了些。老蒋是个骨子里的乐天派,天大的事儿,到她那儿都不是什么事儿。她的幽默源于她的坚韧、乐观加上她特有的语言魔术,这种高级幽默轻而易举就能感染周围的人。所以,孩子们都喜欢她。我不在的时候,班里有什么事,他们都知道去找老蒋,我们班搞个什么活动有好吃、好玩的,他们准忘不了还有个隔壁班的蒋老师。这个魅力如此大的蒋老师究竟好在哪儿啊!

——陈红(班主任,英语老师,教龄 13 年)

个子不高,饭量不小,脑袋不大,智慧很大。头发很长,见识更长,皮肤不白,内心纯洁。偶尔装淑女,笑声却暴露出内心的女汉子本质。偶尔走文艺路线,又总是自己把自己带偏。总想和我这种可爱型同事站队,却偏偏霸气一直外挂在线。对工作,像打了鸡血,干了这一碗,还有三碗。对学生,就像献血一样,无偿又无私地奉献着。

——屈敏(班主任,语文老师,教龄 4 年)

学生说:

俗话说,女大十八变,你却越变越随便。随便的发型,随便的装扮,随便的心情,让我对你爱得无药可救，又怕得无可救药。还好，你对教育事业的初心从未改变。自从成为你的学生，就像上了“贼船”——在你的“敲诈勒索”“坑蒙拐骗”“威逼利诱”的百般折磨下，我们终于在学习的“不归路”上越陷越深、越走越远。然而，你带学长们种下的紫藤萝，带我们种下的安吉拉，却让这条艰辛之路一直芬芳无比，沁人心脾。

——刘奕菲(2016 级 11 班学生)

(资料来源:《中国教师报》,2018 年 7 月 4 日。)

【点评】 蒋长玲老师乐观开朗，风趣幽默，在从教 24 年的历程中，重视学习深造，通过自己对工作的不断努力和反思，一步步从一个中师生成长为全国名师。工作中，蒋老师虽然也曾有过职业倦怠，或者间歇性踌躇满志，但她始终不忘把善良、正直、睿智和勤奋植入学生心灵，她努力把看似琐碎的每一个日子过得有滋有味，用每一次反思改进后的正能量行为感染激励学生；她努力让自己带的每一个班，都成为一部生命的大片。正是因为执着、爱心和情义，蒋老师和她的学生们正在一起享受着她创造的幸福的教育生活。

2.积极参加教育实践，不断丰富实践经验

人的道德修养不能脱离改造社会、改造世界的客观实践。教育实践不仅是教师加强师德修养的现实基础，也是检验教师师德修养的唯一标准。

教育实践也是教师职业道德修养的目的和归宿。教师加强职业道德修养的目的，在于形成良好的师德素养，提高教育实践能力。

教育实践是正确的师德观念的认识来源，只有在教育实践活动中，教师才能正确认识教育活动中的各种利益和道德关系，才能培养好的师德品质。教育实践还是教师加强职业道德修养的动力源泉。

3.善于交流，虚心向他人学习

师德修养不是教师个人孤立的、脱离社会的闭门修养，而是在教育实践中人与人相互交往、相互影响的社会性活动，教师职业道德修养也是社会道德进步的重要组成部分。因此，“见贤思齐”，积极与他人交流，虚心向他人学习，是师德修养的一个好方法。

虚心向他人学习，首先，要注意从教育家那里汲取思想营养。比如，学习人民教育家陶行知“爱满天下”的大爱精神和“千教万教教人求真，千学万学学做真人”的崇高品质等。其次，要注意向教师同仁学习，促使构建有明确奋斗目标的教师成长共同体；也要向学生学习，善于发现学生身上的闪光点。

4.信念坚定，持之以恒

加强教师职业道德修养同人们认识、改造客观世界的一切活动一样，不能是盲目的、无计划的，而必须有明确的目标和坚定的信念。

指导教师加强职业道德修养的总目标是崇高的教师职业道德理想。作为一面旗帜，教师职业道德理想为教师如何做人、如何胜任教书育人的工作指明前进的方向和奋斗目标，是教师重要的精神支柱，推动和激励教师朝着更高的目标奋进。

总之，加强师德修养是一个循序渐进、逐步提高的过程，既要有崇高的师德理想作为目标，又要从自身实际出发，有切实可行的具体要求。

案例分析

蔡林森：从最后一名学生抓起

2017年10月，蔡林森获评“中国乡村教育家”。近日，中国教育学会原会长顾明远在给主题为“努力让每个孩子都享有公平而高质量的教育”的蔡林森教育思想研究会第五届年会的贺信中写道：“教育的成功必须靠一批真正懂教育的人长期坚守。”在这次年会上，本报记者与江苏省教育厅原副厅长周德藩、江苏省泰州市教育局副局长朱三峰、江苏省泰兴市洋思中学党总支书记秦培元一同，与曾经创造了“洋思中学(以下简称‘洋思’)奇迹”的蔡林森进行了对话。

“没有教不好的学生”错了吗？

记者：一段时间以来，在网络上时不时会出现关于“没有教不好的学生”的发言帖。讨论这个问题的人，试图或从理论上深究或以实践为例进行反证，只想说明“那是不可能的”。

蔡林森：我对这类信息不多加关注，因为我认定这个教育信念就不会动摇。而且，学习了党的十九大报告中关于教育的论述后，我更加坚定了这一信念：没有教不好的学生，就是要教好每一个学生，这一点实现了，才是公平而有质量的教育。

周德藩：蔡林森校长的办学经验，解决了一个很多地方都面临的教育难题，即在没有生源和师资优势的情况下，或者说在不刻意追求生源优势和师资力量优势的情况下，如何办好一所学校，让学生都取得好成绩。

其实，“没有教不好的学生”也可以换种说法，就是“我们要教好每个学生，我们可以教好每个学生”。这和孔子强调的有教无类、陶行知要求的爱满天下都是一致的。“没有教不好的学生”应该是一种情怀，尤其在没有生源和师资优势的学校，校长更应该有这样的自信。

朱三峰：“没有教不好的学生”，包含不服输、不认下、不怕困难的担当，包含相信人、相信教师水平、相信学生能力的善意，给教师、学生和家庭以信心以希望的激励。以“没有教不好的学生”为核心理念的蔡林森教育思想，是一大批教育人共同探索、研究、实践的成果。它是动态的、不断继承创新的，目标价值是公平而高质量地育人。

记者：蔡校长，在您的教育生涯中，“没有教不好的学生”已经屡试不爽。能够成功，完全得益于您的执念和行动，这应该是对质疑最有力的回应了吧？

蔡林森：2006 年 10 月，离开洋思后，我加盟河南沁阳永威学校（以下简称“永威”）。次月上旬，在沁阳市举行的期中统一学业水平测试中，永威初中各年级成绩都很差，例如初二英语快班平均分 50 分、慢班 24 分……关心我、劝我赶快回家的匿名信一封接一封，是“没有教不好的学生”的信念留住了我。

我自己的三个儿女没上过幼儿园，都是在大队（我国农村人民公社的三级组织中间一级组织）办的简易小学读的书，后来随我上了洋思，最终都上了大学，其中两名成了大学教师并出国留学——我自己的孩子能教好，为什么不能教好别人的孩子？洋思多年不分快慢班，从最后一名学生抓起，使得三流的生源获得了一流的质量，当时江苏省教委在文件中肯定“确立每个学生都能教好的办学思想……是洋思中学取得成功的基础”。

为了在永威教好每一名学生，我首先果断取消了快慢班，组织教师连夜按期中成绩重新分班，抓阄接班。这下阻力来了：好多人担心家长会不同意、学生会转学……第二天早晨，学生起床后集合，我宣布重新分班后的学生名单，居然有位快班班主任哭了，快班学生也跟着哭起来。有干部慌张起来，问“怎么办”，我大声回答：“坚决取消快慢班，出了问题我负责！”到早饭前，学生都进了新班级上课，校园很快平静了。

从此，同年级各班班底一样，形成了学习竞赛的风气。全体教师一方面认真课改，提高教学效率，另一方面从最基础的知识开始——补差，不放弃每一个学生，被感动的家长们对此也大力支持。仅仅用了 3 个月，在期末学业水平统一测试中，学校初一成绩跃入全市前列，初二与初三也大有进步。到了近几年，学校小学、初中学生更是几乎人人优秀，高中学生人人考上了理想的大学。事实让永威乃至全市师生都接受了、相信了“没有教不好的学生”。

我深感，如果确立了这样的理念，学生就有信心、有力量，会想方设法力争学好；教师就有仁爱之心而真心实意下真功夫去教好，不让一个学生掉队；学校就能真正实施公平教育，让每一位家长满意。

拿什么来保证教好每一名学生？

记者：没有教不好的学生或者说教好每一名学生，决不是一句豪言壮语，而是要实打实地落实到每名学生头上。敢于说出来就得做得到，靠的是什么“神器”呢？

蔡林森：对于农村薄弱学校和起步晚的民办学校来说，不能靠生源大战去抢好学生，没实力吸引到最好的教师，但也决不能违背教育规律和法规蛮干。所以要教好每一名学生，就要实干。

我从进入永威的第二天，就开始整天听课。发现有的教师不会上课，课堂效率极低，那时唯一的选择就是推广洋思"先学后教，当堂训练"的教学法。

秦培元：我还记得那是洋思创办后的第二年，这所农村学校设备、师资、质量都差。当年新上任的蔡林森校长就提出不能"满堂灌"，至少留出 15 分钟让学生当堂独立完成作业。当时，学校教导主任出于对质量的担忧，就是不同意，两人竟为此吵了起来。蔡校长找到当时的中心校校长，没有得到支持。然而蔡校长仍然坚持课改，很快就见效了，随后逐渐形成"先学后教，当堂训练"教学模式，最终成为国内一个知名教学流派，并于 2014 年获得教育部教学成果一等奖。灵活运用这种教学法，是努力教好每名学生的一个重要法宝。

蔡林森：但永威的学情与洋思不一样，不能再照搬。后来我就用坚持常年赛课、评课的方式进行创新。初中部用了 3 个多月进行了 3 轮赛课，每天赛课、评课七八节，教师饱尝酸甜苦辣后，迈出了课改第一步；半年后小学部上路，针对小学生年龄特点又创生了"看一看、做一做、议一议、练一练"的"四个一"新模式；最后再在高中部"闯关"，成果喜人。从此，学校高中、初中、小学分开常年赛课、评课，从而不断深化课改，在探索创新中不断发现和解决问题。

记者：据我所知，您现在的大部分时间还是"泡"课堂——不是在看赛课就是在评课，每天达五六节之多，但在轰轰烈烈、热热闹闹、新概念迭出的课改浪潮中，有人觉得您那一套方法太传统、"没新东西"，所以没价值了。

蔡林森：改革和创新决不是喊几句口号就能有效果的，实事求是、持之以恒才是做事的要义。尽管在不断接受新知识、新事物，但我有我的原则：认定的就要做下去，而不能以改革之名忽悠"创新"。其实近年来，为适应教育信息化新形势和学生自学能力不断增强的新学情，"先学后教，当堂训练"有了最新操作方法，在 2017 年全国课改年会上，通过观摩课得到一致好评。

秦培元：从起始年级抓起，从最后一名学生抓起，坚持"堂堂清""日日清""周周清""月月清"，就保证了不让一个孩子掉队。现在洋思对教师绩效的考核，最硬的一条就是合格率，因为最差的合格了，好学生的水平自然会水涨船高。蔡校长就是认准了这一点。

办好一所学校的底气从何而来？

记者：作为校长，至今您只办了两所学校，却用了全部的心思。在您眼里，无论公办还是民办，学生都是"我们的孩子"。从 64 岁开始，您在现在学校又逐渐"创业"成功，主要靠了什么？

蔡林森：做校长，最没得说的就是自身的德行，为教师做好表率，以人格的力量治校。这十多年来，我一如既往，坚持讲诚信不说假话、不弄虚作假，坚持自己生活俭朴、更多关心他人：用个人工资补助高考、中考学生伙食费，累计 20 多万元；自己为学校谱写校歌并自掏 1 万元录制唱片；沁阳市政府奖给我的电动车、笔记本电脑，我都送给了教师；有教师住院，我都要买慰问品去看望；年轻教师结婚，我一定要恭贺；有学生家庭困难，我会为他们代交学费、校服费，等等。严格要求自己，就是带头创造氛围，给师生良好的影响。

“吃苦是福”可以算是我的人生哲学。这种观念传递给教师，就是要吃苦，主动学习、主动实践，才能教好学生；校长带领教师不断经历吃苦，才能建成名校。

记者：现在有的名校长退休后，在多所学校挂各种名。但这种挂名，因为个人精力、时间等原因，常常只是为原本缺实力的学校“站台”“壮门面”，做不到真正给予指导、带领学校提升，而蔡校长您为什么能一头“扎进”一所学校并愿“从一而终”呢？

蔡林森：的确，曾有不少学校找过我，而且都是开出了高价并许诺诱人的物质条件，但钱和名对我都没有吸引力，我最看重的是，自己能不能再办好一所学校。所以，来到永威的最困难阶段，我最忧虑的就是“干不好丢脸”；于是使出十二分的努力，完全忘记年龄地再拼一回——因为我是校长，做不好，对不起学生，我真的就无法回家了。

（资料来源：《中国教育报》，2018 年 5 月 23 日。）

【点评】 从江苏省泰兴市洋思中学到河南省沁阳市永威学校，蔡林森校长坚信“没有教不好的学生，就是要教好每一个学生，这一点实现了，才是公平而有质量的教育”。带着“我们要教好每个学生，我们可以教好每个学生”的教育情怀，他多年如一日坚守并扎实抓课堂教学改革，激励教师下真功夫去教好每一个学生，不让一个学生掉队，创造了在没有生源和师资优势的学校却有高质量教育的奇迹，他创立的“先学后教，当堂训练”教学模式，成为国内一个知名教学流派，并于 2014 年获得教育部教学成果一等奖，同时根据教育信息化的新形势和学生自学能力不断增强的新学情，进一步创新其操作方法，从起始年级抓起，从最后一名学生抓起，坚持“堂堂清”“日日清”“周周清”“月月清”，保证了不让一个孩子掉队，保证了让每一个家长满意。蔡林森校长以其实干的人格魅力感染教师，激励学生，感动家长，用自己实实在在的教育行动诠释了好教师具有理想信念、道德情操、扎实学识和仁爱之心的丰富内涵。

二、教师职业行为

教师职业行为是指教师在教育教学各方面活动的行为，是符合教师职业道德规范要求的行为，涉及教师课堂教学、课外辅导、教学评价、课程资源开发、教育教学研究、进修交流、人际交往、仪态仪表等方面的行为，具体包括教学准备、课堂组织、学生学习指导、作业设计与批改、学业检测与评价、学生行为培养和矫正、课程开发与实施、教学研究与交流、心理辅导与调适、专业进修与学习、衣着服饰和交往礼仪等职业活动和日常行为。本部分重点讲述教师课堂教学行为和师生交往行为。

(一)教师课堂教学行为

1.教师课堂教学行为的意义

教师课堂教学行为直接影响课堂的教学效果。良好的课堂教学行为，能提高课堂教学实效。

第一，良好的课堂教学行为能激发学生的学习兴趣。

“兴趣是最好的老师”。课堂上，教师积极创造愉快地教和学生愉快地学的教学氛围，引导学生变“要我学”为“我要学”，有利于促进教学过程在轻松愉快中进行，顺利实现教学目标。教师可以运用典型案例，创设针对性的问题情境，激发学生的学习兴趣，启发学生思考，引导学生在交流互动的基础上理解教学内容，不断建构新知，实现有意义的学习。

第二，良好的课堂教学行为能融洽师生关系。

在课堂教学中，学生的情绪会随着教师的教学行为而发生变化。“亲其师，才能信其道”。教师平等对待每一个学生，关爱和激励学生，给学生信心，给学生温暖，给学生希望，可以激发师生间产生情感共鸣，建立良好的师生关系，促进学生喜欢教师进而喜欢教师的课。

反之，教师不良的课堂教学行为会挫伤学生的自尊心和学习积极性，激化师生矛盾，降低教学效果。

2.新课程背景下典型的教师课堂教学低效行为

新课程背景下，教师根据新课程理念，积极改革课堂教学行为，但在教学实践中也出现了一些影响教学效果的低效行为。

(1)强调应试，满堂灌、集中讲、集中练。这是教师课堂教学中常见的三个极端行为，是抵制课堂教学改进行动、不尊重学生主体地位、不顾学生学习效果的典型的教学低效行为。

(2)片面强调自主、探究与合作，不重视教师的引导。随着新课程的推进，教师创新开展教学活动较多，重视学生的自主、探究与合作，但是较重视形式，忽视学生的真实体验和感受，活动效果不好。

(3)忽视思维训练，盲目赶进度。课堂上，有的老师担心讲课进度和课堂教学秩序混乱，忽视问题教学，即使有学生提问也不加以合理引导，不能帮助学生建构起自己的知识体系，课堂效果不太好。

(4)盲目使用多媒体，忽视教学板书和教学语言的魅力。

(5)问题讲评不重视学情分析。

(6)忽视课堂生成，课堂气氛沉闷。

3.教师课堂教学行为的规范要求

为确保课堂教学规范，提高课堂教学效率，促进良好的教风和学风的形成，教师课堂教学行为必须遵循以下规范：

(1)课前规范。

①课前到位。教师上课前必须到位，到达教室门口时应面向学生站立，目视学生，检查学生课前学具准备情况，创造良好的课堂教学氛围。

②课前组织。上课铃响后，教师立即走上讲台，示意班长喊“起立”，学生要向教师行注目礼，待全体学生起立后，师生间再进行问候、行礼。

③功能室上课。在各个功能室授课时，科任教师必须带领学生排队整齐、安静地进入教室，并教育学生爱护各功能室内的仪器设备，认真指导学生掌握操作要领，切实搞好组织工作。

④教师仪表。教师上课穿着要朴素大方，不许穿奇装异服和拖鞋进教室。男教师不许留长发和穿背心进课堂，女教师不宜化浓妆。

(2)课中规范。

①语言文明。教师在课堂上必须使用礼貌语言、普通话，讲究语言艺术，语言流畅、生动，富有感染力。严禁语言粗俗，动作粗鲁。教育学生应严、爱结合，但不得打骂学生，不得对学生进行任何形式的体罚和变相体罚。

②板书规范。教师教学时，板书要工整、规范，禁止使用繁体字和不规范的简化字。一般情况下，重点内容要板书在黑板中间，学生板演要放在黑板两侧。

③关注学生。根据教学内容和学生年龄特点，充分利用现代化教学媒体，选择恰当的手段，调动学生的学习积极性。教师教学要面向全体学生，

注重个体差异，关注学生的学习状态，关注学生的参与面，努力提高课堂教与学的效率。严禁放弃对学困生的教育。

④重视情感态度与价值观教育。所有科任教师都要协助班主任做好学生的思想工作，既要管教又要管导，注重培养学生良好的学习习惯和道德行为习惯。教师要特别重视规范学生的站姿、坐姿和看书写字姿势。

⑤专心教学。教师上课时不得处理与本课教学内容无关的事务。上课时不能会客，不得接打电话，更不得中途离开课堂。如遇特殊情况必须离开课堂时，要马上通知学校委派其他老师到教室。教师应该站立教学，学生进行作业、实验等操作活动时，教师要巡视指导，不可处理其他事务，巡视时的语言和动作以不影响其他学生正常活动为宜。教师要注意学生的站姿、看书写字姿势，培养学生良好的习惯，保护学生的视力。教师必须做到不提前下课、不拖堂。如逢眼保健操时间，任课教师应督促、指导学生认真做操。如有其他人员听课，教师应示意学生请听课人员先离开教室。下课后，教师应在教室停留一会，解决学生需要单独询问的问题，或与学生沟通交流。

（3）课后规范。

①按时下课。下课铃响后，教师应准时下课，同样，结课时师生互相问候与行礼要规范。如有校内或外地人员听课，教师应示意学生向听课人员行礼。

②组织学生。教师在多媒体等功能教室进行教学，下课后须组织学生收拾功能室内的器具，排队回原教室，保持秩序井然。

（4）课务规范。

①严格履行课表。教师要按学校设置的学科进行教学，无特殊情况，不得将教学时间挪作他用。

②遵守请假制度。教师不准私自调课、不上班干私事，否则，发生意外事故，责任自负。公差或外出学习培训，事先必须与相关教师做好课务调剂，严禁无人上课现象的出现。

资料卡片

教师行为规范（节选）

第三章　教学工作

第七条　要积极承担工作任务，服从分配。教师职务实行聘任制，各系部主任与教师本人协议提出初步意见，经教务处、人事处审核，校长批准后即正式聘任。教师一经聘任，对系部和学校安排的各项教学工作服从分配，积极承担，认真完成，全面负责。

第八条　做好教学准备工作。根据专业培养目标的要求，明确本门课程在专业教学中的地位、作用及教学目的。

精通课程的内容。精通是指不仅要熟悉所教课程的内容、体系、结构，而且要深刻理解内容的本质。教师除真正熟悉本门课程的内容及难点、重点外还要掌握比教学要求更深入更高层的内容及观点。专业课教师还要阅读反映现代水平的国内外参考资料，以充实丰富讲课内容。有实验的课程，教师对所开设实验的原理、故障处理等有较深入的了解，并能熟练操作，排除故障。

明确、熟知教学大纲的要求。教学大纲是教师从事教学工作的基本文件，是对学生考核的依据，是检查教学质量的标准。执行中要严格遵循，不得随意变更。

认真备课。备课是讲好课的前提条件，是加强教学预见性、计划性，充分发挥教师主导作用的保障。备课时要做到了解教学对象，合理组织教学内容，选择适当教学方法，力求做到教学最佳组合。在备课时教师应编制出学期计划、课题计划、课时计划（教案）。每学期开学前，教师至少要写出两周的教案。新教师在讲课前应初步完成全部教案。在教案中必须反映出教学目的、方法、重点、难点、作业、课外学习指导、教学基本思路、现代教育技术配备使用等。

第九条　严格遵守各项教学规章制度。

为保证学校教育教学工作的顺利进行，每位教师要认真执行学校制定的各项制度，如病事假制度，新参加工作的教师实行坐班制度、听课制度、参加各种学校会议制度，以及进修、报考研究生制度等。教师应严格遵守课堂纪律，准时上课、下课，不迟到、早退。教师应注意仪表，衣着整洁大方。无特殊情况，教师一律站立讲课。教师因故要求调课、停课，必须通过系部由本人或教学秘书到教务处办理调（代）课手续，批准后，通知任课教师及系领导。禁止私自调课、停课。教师上课时应了解学生的出勤情况，并注意维护良好的课堂纪律，发现问题及时处理。

第十条　课堂讲授及教学方法基本要求：

教学过程要突出理论知识的应用和实践动手能力的培养。基础理论的教学要以应用为目的，以掌握概念、强化应用为教学的重点。专业课的教学内容要加强针对性和实用性。各类课程都要精化理论的推导。

教师讲课时应做到概念准确、内容充实、重点突出、语言清晰流畅、循序渐进、层次条理清楚。教师对讲授内容必须熟悉，中青年教师应该脱稿讲授。

讲课内容要少而精，要提高教学效率，切忌“照本宣科”。要善于讲述最重要的内容，讲述学生学习时障碍多的内容，讲述教师自己创新的内容及教师自己的学术观点，使学生听课有较大收益。

讲课要善于启发学生思维，提倡使用启发式教学，不要采用注入式。要教给学生思考问题的方法，注重对学生能力的培养。

教学中板书要整洁，有条理，备课时要作好计划安排。通过板书给学生以良好的学习习惯的影响，并有助于学生理解内容和课后复习。提倡用现代教育技术手段和多媒体进行教学。

第十一条　作好课后辅导、答疑，留适当的课外作业。

教师讲课后，每周应定期对学生进行辅导、答疑，还可以对学生进行课外质疑，要善于辅导学生，引导学生深入钻研，培养学生的自学能力。教师在向学生介绍学习方法的同时，应要求学生根据课程特点，从自身具体情况出发，总结出学习本课程的方法。

各门课程都应根据课程特点，在讲课之后给学生留课外作业。教师在布置作业前应对作业内容，数量、质量要求作全面考虑：既要包括有利于加深理解与巩固课程基本内容的作业，又要有提高学生分析、解决问题能力的作业，同时应注意作业分量适当，既充分又不使学生负担过重。对学生的作业、实验报告应严格要求，以树立良好的学风。作业要求做到文理通顺，整洁美观。对于一些思路混乱、语句不通、错别字多、纸面不清、胡乱涂改的作业、报告，应指出问题，令其重做。对学生作业、报告，教师应及时进行认真批改。

第十二条　上好实验、教育实习、专业实习、艺术实践课。

实验、实习、实践教学是教学活动的重要组成部分，任课教师应严格按实验、实习大纲的要求组织各项教学，不得随意减少实验、实习项目。实验课教师对本门课程开设全部实验所需仪器规格、性能、完好率要做到心中有数。所有实验在实验课前要试做一遍。教师应组织并参加指导实验，保证学生按操作规范及安全规则进行实验。教师能熟练排除实验中出现的问题和故障，保证实验顺利进行。教师指导学生实验应注意培养学生严肃的科学态度和严谨的工作作风，培养学生正确使用多种仪器、仪表和观察、测量、处理实验数据，分析实验结果，撰写实验报告的能力。

指导实习、艺术实践的教师对工作内容要做好充分准备。如同课堂教学那样写好讲稿，列好详细的实习安排计划，认真规划，并做好总结鉴定和成绩评定工作。

第十三条　做好课程的考核工作。

各门课程应按教学计划要求确定为考试课或考查课，并按考试工作要求规范组织考试工作。平时成绩在学期成绩中占30%，其中作业占10%，平时测验占20%。教师应认真做好平时成绩考核工作，并认真记载，于期末考试前评定出平时成绩。平时成绩和期末成绩均需及格，其中一个不及格，则此门成绩即为不及格。

考试课程要逐步建立试题库，实现教考分离。依据教学大纲编写考试大纲，出考题时，必须根据考试大纲的要求，注意知识点的涵盖、题型的全面、理论联系实际的综合运用。考题难度要有层次，有区分度，考试成绩应基本符合正态分布。期末考试后，教师应认真总结教学及考试情况，写出报告，上报教务处。

第十四条　认真地履行现任职务所规定的职责，完成职责所规定的教学和教师工作量。在每周的教学法研究时间要有计划地学习和研究教育教学理论；每人每学期要听本系教师4节课。上课工作量要如实填入教师工作量卡，上报教务处存档。凡无授课任务时，要根据个人具体情况，可以在职进修或备课，可以进行科学研究，也可以到中学参加教学实践。

（资料来源：泰州学院网，2008年11月1日，
http://webplus.tzsz.net/s/60/t/245/a/8420/info.jspy.）

资料卡片

中小学教师行为规范“十要”、“十不准”

一、“十要”

1. 要贯彻党的教育方针，面向全体学生，使学生在德、智、体、美等方面发展，积极培养学生的创新精神和实践能力，全面推进素质教育；

2. 要尊重学生，对学生的教诲要动之以情，晓之以理，要坚持家访制度；

3. 要充分利用教材中的相关内容，对学生进行爱国主义、共产主义思想品德教育，坚持德育为主、五育并举；

4. 要举止高雅，着装整洁，仪表端庄、谈吐文明，待人诚恳和蔼，不穿戴与教师身份不相称的服饰；

5. 要重视后进生的转化工作，有针对性地组织课后指导；

6. 要加强学习，钻研大纲，熟悉教材，认真备课；

7. 要用谈话式教学法(启发式和讨论式)进行教学，坚持教师为主导，学生为主体，训练为主线的“三为主”原则；

8. 要自尊自重。教师之间要互相尊重，互相帮助，不嫉贤妒能；

9. 要关心时事，学习政策，遵纪守法，廉洁自律，不断增强事业心、责任感；

10. 要努力学习教育科学理论，不断更新观念，提高学识水平，努力提高教育教学

质量。

二、“十不准”

1. 不准违反《中小学教师职业道德规范》；
2. 不准讽刺挖苦学生、歧视后进生和体罚、变相体罚学生；
3. 不准以任何理由和借口驱赶后进生转学和退学；
4. 不准向学校或家长索要收受礼品或钱物；
5. 不准以任何借口向学生家长借钱借物；
6. 不准参加赌博以及迷信活动和其他非法组织的各种活动；
7. 不准让学生购买教育部门审定之外的复习资料、教辅读物或其他商品；
8. 不准擅自设立收费项目或提高收费标准；
9. 不准动辄让学生家长到校并训斥家长；
10. 不准有偿为自己所教学生补课。

辽化二小教师日常行为规范考核表

一级指标	二级指标	三级指标	自评	组长评	学校评
注重仪表自尊自爱	1. 穿戴得体，朴素大方。	校内不化浓妆，不挂耳环，不戴饰品。			
	2. 保持环境和办公室整洁。	不随地吐痰，不乱扔果皮纸屑，校内不抽烟，保持办公室整洁。			
礼貌待人真诚友爱	3. 语言规范，使用礼貌用语，坚持普通话讲课。	不讲粗鲁话，严禁污言秽语；对学生的问候以礼相待，自觉实施本校的《教师忌语》。			
	4. 待人诚恳宽厚，态度和蔼，友爱真诚。	教师间团结互助，平等待人，互敬互谅，不讲不利于团结的话，不做不利于团结的事，不拉帮派。			
	5. 接待家长和来客热情有礼，守时守信。	与家长讲话，对象不同方法亦应不同，不损伤家长的感情；不说侮辱学生家长人格的话；虚心听取家长的批评与意见。			

续表

一级指标	二级指标	三级指标	自评	组长评	学校评
敬业爱生勤奋工作	6. 服从工作分配，争挑重担，乐于奉献，尽职尽责。	乐于接受学校分配的工作任务，乐于做分外事，报酬上不斤斤计较，尽最大努力做好工作。			
	7. 热爱学生，关心学生，循循善诱，诲人不倦，教有实绩。	全面关心全体学生成长，主动帮助后进学生，不拖堂，不任意停学生的课。			
	8. 增强主人翁意识，发挥主人翁作用，积极参与各项活动，为学校建设和发展献计献策。	主动关心学校工作，积极为学校工作提出有益的建议，不做局外人。			

（二）师生交往行为

交往是人类特有的存在方式和活动方式，是人与人之间发生社会关系的中介。师生交往是教师和学生在教育教学实践过程中的活动方式。良好的师生交往对建立和谐的师生关系具有重要意义。

1. 良好师生交往的意义

（1）有利于促进教育教学和谐发展。教与学的过程，实质上就是师生交往的过程，教学目标的实现不仅取决于教师传授知识的技能，而且取决于师生交往关系的好坏。新课程改革倡导师生合作，即师生之间要有良好的交往互动，这有利于促进教育教学的和谐发展。师生交往中，教师要赢得学生的尊重、信任与热爱，首先要和学生建立良好的师生关系。良好的师生关系要靠师生双方共同努力才能建立，教师是起主导作用的。同时，良好的师生关系既是实施教学改革的前提和条件，又是新课程改革与教学改革的内容和任务。

（2）有利于深化课堂教育教学改革。在课堂教学活动中，良好的师生交往，可以促进教师和学生以饱满的热情投入到教育教学过程中，使得师生之间相互尊重和信任，积极探索教和学的规律，不断深化教育教学改革。

(3)有利于促进师生教学相长。在师生交往活动中，教师有教的意图，学生有学的愿望。良好的师生交往促进学生在没有压力的情况下轻松愉快地学习，师生在教学活动中真诚合作，不仅有利于学生轻松快乐有效地学习，而且有利于教师了解学生的思想和学习情况，从而不断提高业务水平。同时，良好的师生交往能促进师生之间深入了解，不仅有利于提高教师在学生中的威信，也有利于教师更好地认识自己、认识学生、认识教学与社会的关系，从而帮助教师调整、完善自己，也能更好地调动学生的学习积极性，达到教学相长。

2.师生交往的规范

随着经济和社会的发展，学生的自我意识越来越强，社会经验日益丰富，思维的独立性和判断性显著提高，受社会多元文化思潮的影响，学生不再唯父母、师长之命是从，他们对教师的正面教育表现出怀疑和不屑。由于师生之间缺乏真诚的交往，造成两者关系不融洽，甚至恶化，严重影响了教育教学效果。面对新形势下师生关系存在的冲突和不良现状，教师要重视师生交往，积极主动探索教育教学规律，努力构建和谐的师生关系。

(1)教师要树立正确的学生观。所谓"学生观"，是指教师对学生的看法或所持态度。不良的学生观有两种：一种是"专制型"的学生观，主要表现为教师视学生为被动，要求学生绝对遵从教师。在这种学生观的指导下，师生交往必然会压抑学生的个性发展，不利于培养学生的能力。另一种是"放任型"的学生观，即指把学生当作"完全成人"看待，教师重视学生的个性发展，强调要"顺乎学生自然，助长其个性的独特发展"，在这种学生观指导下的师生交往会导致学生我行我素、随心所欲、缺乏集体意识和社会规范意识。因此，正确的学生观既要重视学生是一个独立和独特的完整个体，在教育教学过程中，教师要尊重和发展学生的个性，挖掘学生的潜能；又要看到学生是不同于成人的人，具有较大的可塑性，在教育教学过程中，教师要看到学生的闪光点，多给学生以鼓励，促进学生健康成长。

(2)师生之间要相互尊重，真诚沟通。师生交往中，教师要学会"动之以情、晓之以理、导之以行"，对学生倾注爱心，尊重学生的人格，对学生既不盛气凌人，也不讽刺、挖苦和训斥；教师对学生既要严格要求，又要循循善诱，引导学生健康成长。同时要教育学生尊重教师的劳动，体谅教师的艰辛。师生共同努力，促进二者关系更加融洽和亲密。

(3)健全和强化师生交往的原则。交往原则是指教师和学生在师生交往活动中必须遵循的基本要求。课堂上教师应奉行的交往原则就是《中小学教师职业道德规范》和《中华人民共和国教师法》的规定，课堂上学生应奉行的交往原则就是学生守则和日常行为规范要求。师生交往中，教师要自觉按要求规范自己的教育教学行为，切实履责，同时要严格管理和规范学生的行为，注意培养学生良好的学习习惯，树立良好的道德风尚，促进学生在融洽的师生交往中茁壮成长。

资料链接 1

如何处理师生关系：多观察，多交流

80 后年轻教师如何处理师生关系问题呢？天津市南湖小学的宋学琛老师说，做好师生关系的建设是一门科学。“当今的教育和以往有所不同，年轻教师要使自己的心理尽快地成熟起来，而且要认真地研究在新媒体环境下长大的孩子的心理，有的放矢地做好教育工作。”

宋学琛老师坦言，她是一个很理想主义的人，一开始从事教学工作时，对孩子们特别好，孩子们很喜爱她，但过了一段时间，各种问题就接踵而至。孩子们不怕她，特别能闹腾，有几次学生和她在教室进行“对峙”，而她自己也常常委屈地流泪。后来，宋老师转变自己的认识方式，从“孩子们为什么会这样”？到“孩子们就是这样，我该怎么办”？从埋怨家长没有管好孩子到主动寻求家长的配合，慢慢地她找到和孩子相处的合适方式，并且赢得了孩子们的尊敬和爱戴。

宋学琛老师发现，观察学生的心理细节，可以使老师真正走进学生的内心。班上曾经有个男生在日记中写道：“我觉得有时可以不撒谎。”经过反复研读，她发现这个学生写下这句话背后的潜台词是：“我觉得撒谎没有什么不好的。”她认识到，孩子是纯朴的，形成这种想法不是偶然，而是一个长期潜移默化的过程。针对这些，她开始尝试在教学管理中开展小组评价，记录各组孩子的平时表现，让孩子培养集体荣誉感和责任感，慢慢学会考虑自己做事的方法，学会自我约束。

此外，重视与学生交流的方法，学会与学生沟通也是强化师生关系的重要方式。宋学琛说，她经常通过文字的方式和学生交流，比如她会让学生尝试写随笔、日记，再针对学生的特点，与他们进行书面交流，教会他们观察生活。“在老师和学生的关系处理上，家长起的作用也很大。”为了把家长带动起来，宋老师要求家长一起读孩子写的东西，读完要写评语，引导家长了解孩子的想法和发现孩子的创造力。学校开家长会时，她都会主动和家长交流，开诚布公地指出学生的优缺点，随着家长配合积极性的日渐提高，班里慢慢形成了一种亲子共读的学习氛围，学生和老师的关系越来越融洽，学生的成绩也有了进步，和家长的感情也越来越好。

（资料来源：网易新闻，2014 年 4 月 19 日，
http://news.163.com/14/0419/08/9Q69U68U00014AED.html.）

资料链接 2

地震奇迹　桑枣中学师生无一伤亡

央视网消息(全球资讯榜)　“5.12”汶川大地震给灾区很多中小学校造成了巨大的损害。有许多正在上课的中小学师生没能脱险逃生，然而，面对这样一场突如其来的灾难，有一所紧邻重灾区北川县的乡镇中学——绵阳市安县桑枣中学，却创造了全校 2300 名师生没有一人在地震中受伤或者遇难的奇迹。29 日，桑枣中学还获得教育部首批授予的“抗震救灾先进集体”称号。那么，这种神话般的奇迹，是怎样被创造出来的呢？

5 月 12 日下午，汶川大地震发生时，桑枣中学绝大部分学生都在教学楼里上课。当他们感觉到大地的震动时，各个教室里的学生们都立刻按照老师的要求钻到课桌下，在第一阵地震波过后，学生们又在老师的指挥下立刻进行了快速而有序的紧急疏散。在地震发生后短短 1 分 36 秒左右的时间里，桑枣中学的 2200 名学生和上百名老师，就已经全部安全转移到学校开阔的操场上。

学生们所说的演习，就是桑枣中学自 2005 年起按照校长叶志平的要求，开始进行的一种安全疏散演习。叶志平告诉记者，当初他是看到沿海地区一些消防演习和发达国家学校的灾难防避教育，再根据自己学校的实际情况而萌生的搞安全疏散演习的想法。此外，叶志平校长还有一个固执的行为，那就是想方设法加固学校的教学楼。桑枣中学的实验教学楼，80 年代修建完成时，没有经过验收，后来也就没人敢再进行验收。叶志平当校长后，一直在加固修建它。叶志平把这座楼上原来华而不实却又非常沉重的砖栏杆拆掉，换上了轻巧美观而结实的钢管栏杆，又对整栋楼动了大手术，重灌水泥，把原来 22 根 37 厘米的承重柱，都加粗到 50 厘米。修建这座教学楼只花了 17 万元，然而加固就用了 40 万元。地震发生时，有 700 多名师生正在这座教学楼里上课，经过加固的这座楼和其他教学楼巍然不动，给学生疏散赢得了宝贵时间。

（资料来源：央视网，2008 年 6 月 1 日，
http://www.cctv.com/program/qqzxb/20080601/102410.shtml.）

资料链接 3

学生打架致死 老师“坚持”上课

事件 同桌打架一人口吐白沫

七(2)班学生陈小飞和杨涛的座位在讲台前方的第三排，距离讲台不到 2 米，可以说就在上课老师的眼皮底下。

他们是同桌，小学时就是同学，平时关系还不错。当天上课之前，两人还是好好的。

6 月 12 日上午第四节课是地理课，陈小飞由于没有带课本，便将自己的课桌往右边移了一下，和右边的女同学一起看课本。

课上了大概一半时，老师将书上的内容讲完了，陈小飞想把课桌移回原位。这时，坐在左边的杨涛用脚挡住桌子，不让他往回移，嘴里还说：“你回来搞什么？你过去跟女的坐吧。”两人推推搡搡起来，随后当着正在上课的老师的面，大打出手，而且越打越凶。

在老师没发话的情况下，坐在旁边的四五个男同学过去拉架，将杨涛和陈小飞分开。被分开后的杨涛坐在自己的椅子上，上身和头部则躺在旁边同学的椅子上。后来，一位同学将杨涛的身子扶起来，让他趴在课桌上。

不一会，杨涛突然头部向后仰起，搭在后排同学的课桌上，同时全身颤抖，口吐白沫，脸色发白。两位同学和陈小飞觉得杨涛不对劲，准备将他背起来送到医院，但此时杨涛全身发软，已经背不起来了。三个男同学将杨涛抬起来，送到学校附近的××人民医院。

没制止 老师“坚持”上完课

上那节地理课的老师杨××，已经 50 多岁了，平时上课不太管学生，“好像也管不了学生”。杨涛和陈小飞打架时，杨××并没制止，还继续上课，其间说了一句“你们有劲的话，下课后到操场上打”，对学生在课堂上打架并没有太在意。

一些学生告诉记者，杨涛口吐白沫时，杨老师仍在继续上课，杨涛被抬出去后，杨老师一直在上课，直到下课铃声响起。

送医院时 他已没了呼吸

杨涛被送到医院时，约是 11 时 10 分左右，医院立即进行了抢救，但发现杨涛已基本没有生命体征了，呼吸和心跳都没有，瞳孔略微有点放大，嘴唇和指甲发青，脖子上有一道淤青。医生立即对杨涛进行了人工呼吸和吸氧，但没起作用，于是立即安排转院。

之后经合肥××医院抢救无效，年仅 14 岁的杨涛离开了人世。

调查 与同学打架是死亡诱因

7 月 8 日，事件有了初步调查结果。据××公安局透露，通过尸体解剖，死者杨涛并无外伤，其死因是由潜在性疾病导致。警方分析，陈同学与杨同学打闹只是起到诱因作用，杨同学可能因为情绪激动而引发潜在性疾病，最终导致死亡。警方表示还要等相关病理报告出来才能最终确定死因。

处理“杨不管”停职赔10万

6月29日，此事在各方协商下基本解决，死者一方获赔20.5万元，其中杨××赔偿死者家属10万元。协议认为杨××负有责任，目前他已被停职。

杨涛的父亲杨×告诉记者，事情发生后，××县、乡两级政府和教育部门非常重视，多次召集双方学生家长、杨××和××中学负责人协商此事。最终达成的协议要求：一、陈小飞负有责任，应承担费用50%，费用为10万元，因其家庭困难，暂付费用3万元，不足部分由××中学捐赠垫付；二、杨××负有重要责任，承担赔偿费用10万元；三、××中学负有一定责任，承担赔偿费用为7.5万元（含垫付款7万元）。目前，杨××闭门谢客不接受采访。

各方评说

由于这起打架事件发生在课堂上，且授课老师杨××对学生打架不闻不问。杨××是否负有责任成为人们讨论的焦点。

受害者家长：老师不制止，绝对说不过去

杨涛的死亡，让父亲杨×悲恸欲绝，杨涛的母亲知道儿子死亡的消息后病倒了。

杨×说，孩子打架就发生在老师的眼皮底下，如果当时老师劝阻或制止一下，后果或许就不会如此严重，哪怕当时只是扔个粉笔头。老师不制止，怎么也说不过去。

学校：“杨不管”工作失职

××中学校长万××说：“杨老师在学生出现紧急情况后，没有第一时间护送孩子到医院进行救治，而是选择继续上课，且没有向学校上报，是工作上的失职。”

教育部门：老师有责任制止学生打架

安徽省教育厅齐××处长表示，学生在课堂上打架，老师确实有责任制止，以维持正常的课堂教学秩序，即使制止不了，老师也应该及时向班主任及学校反映此事。尤其是发生打架等如此严重的破坏课堂秩序的事件，老师更不能不管。即使不是在课堂上，以教书育人为本职工作的老师，碰到学生打架也应上前制止。

网友：比“范跑跑”更恶劣

网民的评论则更为尖锐，有人直斥杨老师“冷血”。联系到此前的“范跑跑”事件，不少人认为，“杨不管”比“范跑跑”更为恶劣。

法律界人士：充当“看客”有违教师法

法律界人士指出，选择了教师职业，就是选择了一种责任担当，就要体现社会公认的职业道德。我国的教师法明确规定，教师要“关心、爱护全体学生”，要“制止有害于学生的行为和其他侵犯学生合法权益的行为”。当学生的生命安全受到威胁时，老师无动于衷当冷漠的“看客”，如何能让学生有安全感？

部分教师：“不管”背后有隐情

有老师认为，除管不住、不爱管之外，恐怕还有一个重要原因是不敢管。当事学校半年前曾发生学生砍断老师手指的血案，此事至今令学校老师心有余悸。

就在半年前，同样在该中学，一名学生用菜刀砍断了班主任的4根手指，原因竟是前一天下午该学生迟到后被班主任批评。这件事虽然过去了半年时间，但至今仍让老师们心有余悸。

也有老师指出，面对课堂上打架的违规学生，教师"不敢管"，固然与该校曾发生的班主任遭报复的恶性案例有关，但更深层次上是教师在遇到类似事件时究竟该不该管学生、如何管、管到什么程度，心里没谱，缺乏标准。

（资料来源：2008年7月14日《长江日报》综合《新安晚报》、《法制日报》报道。）

【点评】 上述三则资料给我们的启示：教师在教育教学过程中，重视师生交往，重视规范自己的职业行为，重视对学生的关爱，重视生命教育，就会不断创造生命奇迹。否则，不仅不利于学生的健康成长，也不利于教师的专业发展。

思考训练

1. 请举例说明加强教师职业道德修养的意义。

2. 请结合所学的教师职业道德修养方法给自己制定一份切实可行的修养计划。

3. 请运用教师职业道德修养知识对赵老师的行为进行分析。

案例：从做教师的第一天起，赵老师就为自己定下"干一行、爱一行、精一行"的工作准则。她认真学习优秀教师的成功教学经验，不断提升教学水平，课堂教学效果优秀。经过多年努力，她成为一名优秀的小学教师，先后获得市级教学竞赛一等奖和省级教学竞赛三等奖；她积极承担省、市级教育科研项目，撰写了多篇论文，并获得了省、市教育科研奖励。在日常的教育教学中，她以母亲般的爱心关爱每一个学生，尤其对于家庭困难、父母离异的学生爱护有加，受到了学生和家长的交口称赞。

4. 请结合你的成长经历为新课程背景下师生的良好交往提出合理化建议。

下篇

教育法律法规

专题一

教育法原理

学习指南

1. 了解法律与教育的关系，掌握依法治教的内涵与意义。
2. 掌握教育法的含义，了解教育法的法源。
3. 了解教育法律关系及其基本要素。
4. 了解教育法的制定、实施及监督的具体所指。

问题驱动

法律和教育是什么关系？法律为什么要进入教育领域？我国的教育法体现在哪些法律文件中？教育法和教育政策一样吗？什么是教育法律关系？谁可以成为教育法律关系的主体？教育法的制定、实施和监督是怎样的过程？本专题，我们将对上述教育法的基本问题进行阐述。

案例导航

某县一重点中学，在确定初中升高中的录取分数线时，擅自对男女学生分别划定不同的分数线，男生是640分，女生是660分，女生的录取分数线比男生高20分。同时规定，女生的分数线上了640分，未达660分的，若要进该校高中部学习，要另交1万元的费用，属自费生。学校的这一做法，引起舆论一片哗然。许多家长，特别是女生家长表示无法理解，非常愤慨，认为学校的行为是对宪法规定的男女平等原则的公然践踏。

思考：

1. 法律是否应当进入教育领域？
2. 谁应该成为教育法律关系主体？

一、法律与教育

（一）法律对教育的功能

教育活动是在人类社会生产和生活中产生的，反映种族繁衍、社会延续需要的一种有意识、有目的、有计划的社会实践活动。人类社会早期，教育规模相对狭小，主要是教师、学生及其家长之间的私人活动。国家尽管要影响和控制教育，但这种影响和控制都具有幕后的间接性质，而不是直接介入教育，同时由于法律在这一阶段并不是社会的主要调控手段，因此，教育与法律之间并没有什么必然联系。

资料卡片

私塾

私塾是我国古代社会一种开设于家庭、宗族或乡村内部的民间幼儿教育机构。在我国长期的历史进程中,私塾对于传播祖国文化,促进教育事业的发展,启蒙儿童,在学童读书识理方面,都起过重要作用。

私塾的学生多六岁启蒙。学生入学不必经过入学考试,一般只须征得先生同意,并在孔老夫子的牌位或圣像前恭立,向孔老夫子和先生各磕一个头或作一个揖后,即可取得入学资格。私塾规模一般不大,收学生多者二十余人,少者数人。私塾对学生的入学年龄、学习内容及教学水平等,均无统一要求和规定。

18 世纪中期以来,现代工业的发展对劳动者素质有了更高要求,而现代各国更是在激烈竞争中充分意识到发展和普及现代教育的重要意义。各国不惜动用国家的强制力来普及和发展教育。正是在这一背景下,法律与教育发生联系,法律在管理和发展教育方面开始发挥越来越重要的作用。

法律在管理和发展教育方面的作用,首先在于其保证了现代教育活动的方向性和稳定性。现代教育区别于以往任何一种教育的特征就在于其复杂性,因此,国家需要通过法律手段促使教育活动体现国家的整体利益,同时保持教育活动的连续性和稳定性。

其次表现为对教育行政管理权的授权与限定。对于现代教育而言,虽然教育行政管理不可或缺,然而教育行政管理权同样应在法律轨道内运行,唯有教育行政管理权在法律轨道内运行,才能保证教育行政管理能够尊重现代教育的自身规律,从而实现教育法制。

总之,法律的发展是与社会的发展、进步紧密联系在一起的,它是社会发展的一种要求,体现了一种社会进步。教育法是现代教育发展的产物,是现代国家一个重要的立法领域。

(二)教育立法发展

综观世界许多国家,尤其是主要发达国家,他们的教育法制建设历史悠久,成效卓著。在法国,近 200 年来,教育立法一直受到高度重视;在美国,其教育及社会的变迁、进步，也深受教育立法的影响；日本更是典型的“无事不法”的教育法律主义国家。可以说，西方国家之所以在近代能够取得巨大发展，一个重要原因即在于其先进的教育，而先进的教育又是其高度重视教育立法的结果。

一般认为，国外早期的教育立法主要是义务教育立法。即，伴随大工业生产的兴起与发展，教育与生产劳动日益紧密地联系在一起，同时也为义务教育的普及创造了客观条件。早期的义务教育立法主要是围绕强制性、免费性和公共性三大主题展开的，正是通过义务教育立法，西方主要发达国家确立了普及义务教育在各项重要问题上的权利与义务关系，其中包括普及义务教育学校的设立和管理，义务教育经费的来源和分配，学校与学生、家长之间的关系等。

19 世纪末叶，西方国家开始加强对教育的行政控制，在这一大背景下，许多国家由过去对教育的消极作为转变为积极作为，开始加强对教育的全面干预和控制。及至 20 世纪 30 年代至 50 年代，教育立法进入一个高峰期，大量有关教育的法律相继产生，国家通过法律手段更多地干预教育，从而大大推进了教育的普及和发展。在这一时期，为了提高行政效率，各国除主要的教育法律之外，普遍把一部分教育立法的任务交由行政机关去完成，行政机关制定的规范性文件的数量甚至大大超过立法机关的立法。

二战以来，随着现代教育的迅猛发展，各国倾向于把教育法制看作一项综合性的法治工程，而这一时期的教育立法也表现为更自觉主动地适应社会整体发展的需要，系统地认识教育法调整的对象，合理地调节教育领域中发生的各种社会关系。许多国家就是在这一时期制定了教育基本法或具有基本性质的学校总法，并对已有的教育法规进行整理、汇编，使之系统化。

资料卡片

西方的教育立法体系

目前，西方主要国家已经建立起相当完备的教育立法体系，主要表现为：一、法域宽广。由初始的义务教育领域到如今国民教育系统的所有领域，皆有相应的立法，如日本，教育立法已遍及学前、学校、社会、产业、边远地区教育，以及教育行政、财政、职员、私立教育、师范教育等方方面面。二、种类繁多。据不完全统计，仅国家教育立法的种类，美国联邦有成文法规 80 余种，日本则多达 180 种。三、层次完整。这些国家都在宪法的教育条款下，以“教育基本法”为基础作原则性规定，以“学校教育法”为核心作一般性规定，下设各单项教育法规进行具体规范，并以“实施细则”、“实施办法”使之更加具体可行，再加上因地制宜的各级地方教育立法和日趋重要的不成文法，构成了相当完整的立法层次。①

就中国而言，新中国成立以后，在建立和发展社会主义教育事业的同时，教育立法工作亦随之展开。1961 年，教育部制定了《教育部直属高等学校暂行工作条例(草案)》，1963 年又制定了《全日制小学暂行工作条例(草案)》、《全日制中学暂行工作条例(草案)》。但是，由于没有将教育工作摆到应有地位，再就是国家对教育立法的重要性认识不足，当时的教育立法工作总体上看进展迟缓，尚未得到应有重视。

十年“文革”，我国教育立法工作遭到重大挫折，“文革”结束后，教育立法重新步入正轨。1979 年，全国人大常委会通过了《中华人民共和国学位条例》。《中华人民共和国学位条例》是新中国成立以来第一部由最高权力机关制定的有关教育的法律。此外还相继修订和制定了一些较重要的法规，如《中小学学生守则》、《中华人民共和国学位条例》、《高等教育自学考试办法》。总的说来，这一时期的教育立法仍很不健全，还没有形成一个体系，主要都是行政系统制定的单行法规。

1986 年，第六届全国人民代表大会第四次会议审议通过了《中华人民共和国义务教育法》(以下简称《义务教育法》)。《义务教育法》的制定和颁布，带来了我国教育立法的春天，标志着我国教育立法工作进入一个新的发展阶段。而 1995 年《中华人民共和国教育法》的颁布和施行，更是宣告了我国教育法律、法规体系基本框架的确立，标志着我国教育事业走上全面依法治教的轨道。

---

① 李赐平：《主要发达国家教育立法的基本特色及对我国的启示》，载《教育探索》，2003 年第 11 期。

（三）依法治教的内涵与意义

所谓“依法治教”是指依据法律来管理教育，也就是在以法律为依据的前提下，综合运用法律手段、经济手段、行政手段和其他必要手段来管理教育。

1997 年，九届全国人大一次会议通过了宪法第十三条修正案，首次将“依法治国，建设社会主义法治国家”的宪法基本原则确立下来，“依法治教”也由此有了宪法依据，成为教育事业必须遵循的准则，乃至追求的目标。

一般认为，健全的教育法治应是以一套完备的教育法律、法规为核心，包括相应的法律实践和法律文化在内的法律系统。实现依法治教，不仅需要制定完备的法律制度，而且需要使这些法律制度为广大公民所接受、认同并遵循运用，为此，要在如下方面加强法制建设：

(1)通过教育立法建设，进一步明确教育的地位和作用，规定教育的根本任务，使各级各类教育的培养目标、学制，各级各类学校的规格及其基本管理制度规范化，为教育行政管理提供明确的依据和目标。同时，保证国家教育的基本方针、原则得到贯彻。

(2)通过教育司法和教育行政执法建设，保障公民的受教育权利和全面发展的权利，使之不受任何机关、组织和他人的侵犯。在公民受教育权利受到损害时，有相应的法律措施予以救济；保障学校的教学环境和教学秩序，改善办学条件，保护学校、教师和学生的合法权益；实现明确的法律责任规定，做到执法必严、违法必究，有效地保护教育事业的健康发展，追究并处理违反教育法的行为。

(3)建立完善的法律监督制度，对教育法的实施情况进行有效监督，同一切违法、犯罪行为作斗争。

(4)建设与现代法治相适应的法律文化，维护教育法所体现的价值原则，革除人治时弊，力促观念和思维方式的更新与转变，使现代社会的教育观念、法律观念融入人们的行为中，形成实施教育法的良好文化氛围。

2014 年党的十八届四中全会召开，建设有中国特色社会主义法治体系的伟大任务摆在我们面前，依法治教由此变得更加必要，可以预见，作为社会的重要组成部分，作为为人类社会生存、发展创造各种基本条件的事业，教育工作被纳入法律规范，加强教育法制建设，将成为营造健康和谐的育人环境，推动教育事业可持续发展的必然选择。①

二、教育法与教育政策

（一）教育法的含义

教育法是指国家制定或认可并由国家强制力保证实施的教育行为规范体系及其实施所形成的教育法律关系、教育法律秩序的总和。

根据制定教育法律主体性质的不同，教育法有广义和狭义之分。广义的教育法的制定主体是多元的，不仅有最高立法机关，有地方立法机关，还有政府部门。狭义的教育法是指有国家权力部门制定的教育法律，在我国是指由全国人民代表大会及其常务委员会制定的教育法律。

教育法的特殊性主要在于其调整对象。一般认为，法律是以人们之间的各种各样关系作为调整对象的，同一社会性质的社会关系，由于涉及不同社会领域而分为不同种类，因此，社会关系的不同领域便构成部门法首要和最重要的标准。教育法调节的社会关系，主要涉及下述几个方面：学校与行政机关的关系、学校与教职员工的关系、学校与学生的关系、学校与社会的关系等。这些关系尽管错综复杂，但依据其特征的不同可以分为两类，即具有纵向隶属性特征的教育行政关系和具有横向平等性特征的教育民事关系。

1.教育行政关系

教育行政关系是国家行政机关在实施其教育行政过程中发生的关系。这一关系反映的是国家与教育的纵向关系，其实质是国家如何领导、组织和

① 劳凯声：《“依法治教”是推动教育改革与发展的重要力量》，载《人民教育》，2014年第21期。

管理教育活动。国家的教育行政职能是由国家行政机关具体实施的，因此在这里，国家行政机关的存在及其教育行政职能的行使是这一关系发生的先决条件。

2.教育民事关系

教育民事关系是指学校与不具有行政隶属关系的组织、个人在教育活动过程中发生的社会关系，这类关系涉及面颇广。近年来时有发生的各种学校纠纷，相当一部分属于民事纠纷，大多是由民事法律规范不健全以及人们法制观念淡薄而引发。

（二）教育法的法源

法源即法律渊源，通常指法律规范的形成方式及表现为何种法律文件形式。一般认为，法源是法律规范区别于其他社会规范如道德规范、社团组织规范的一个重要标志，只有体现国家意志并具有代表这种意志的某种特定形式的社会规范，才是由国家强制力保证实施的，具有普遍约束力的法律规范。

教育法是由众多的教育法律规范组成的，这些教育法律规范往往由不同机关制定，同时表现在不同的法律文件中。根据我国宪法规定的原则，我国教育法法源包括以下几种：

1.宪法

宪法是国家的总章程，是我国一切立法的依据。《中华人民共和国宪法》（以下简称《宪法》）由全国人民代表大会（即国家最高权力）机关制定，具有最高的法律地位和法律效力，是最高层次的法律渊源。其他形式的法律、法规都必须依据宪法制定，并为贯彻宪法服务，不得与宪法相违背，否则归于无效。

宪法作为教育法的法源，可以从两个方面去理解：一是规定了教育法的基本指导思想和立法依据；二是直接规定了教育教学活动的基本规范。

资料卡片

《中华人民共和国宪法》中有关教育的规定

《宪法》"序言"和第一、二、三、四、五、二十四条等，规定了教育法的基本指导思想和立法依据。

《宪法》第十九条规定了国家发展教育事业的目的、基本原则和任务："国家发展社会主义的教育事业，提高全国人民的科学文化水平。国家举办各种学校，普及初等义务教育，发展中等教育、职业教育和高等教育，并且发展学前教育。国家发展各种教育设施，扫除文盲，对工人、农民、国家工作人员和其他劳动者进行政治、文化、科学、技术、业务的教育，鼓励自学成才。国家鼓励集体经济组织、国家企业事业组织和其他社会力量依照法律规定举办各种教育事业。国家推广全国通用的普通话"。

《宪法》第四十六条规定了公民的受教育权利："中华人民共和国公民有受教育的权利和义务。国家培养青年、少年、儿童在品德、智力、体质等方面全面发展"。

《宪法》第四十七条规定了公民有从事教育、科研等权利："中华人民共和国公民有进行科学研究、文学艺术创作和其他文化活动的自由。国家对于从事教育、科学、技术、文学、艺术和其他文化事业的公民的有益于人民的创造性工作，给以鼓励和帮助。"

《宪法》第四十九条规定了父母的教育义务："父母有抚养教育未成年子女的义务"。

宪法第八十九、一百〇七、一百一十九条，规定了国务院和县级以上地方各级人民政府和民族自治地方的自治机关领导和管理教育工作的权限。

1. 法律

《宪法》规定，全国人民代表大会和全国人民代表大会常务委员会均有权制定法律。这里所说的法律，不是指广义的法律(即各种法律规范的总和)，而是指由国家最高权力机关及其常设机构所制定的规范性文件，即狭义的法律。

在我国，"法律"是整个社会主义法律的重要的法律渊源之一，其法律效力仅次于宪法，而其所规定的通常是社会关系中某些基本和主要的方面。

教育关系属于社会关系中基本的和主要的方面，法律构成了教育法的重要渊源，由全国人民代表大会制定和发布的《中华人民共和国教育法》，由全国人大常委会通过的《中华人民共和国义务教育法》《中华人民共和国教师法》都属于教育法律。

2. 行政法规

行政法规是指国家行政机关制定和发布的规范性文件，在效力上低于宪法和法律。我国《宪法》第八十九条规定，国务院有权"根据宪法和法律，规定行政措施、制定行政法规，颁布决定和命令"。按照这一规定，国务院根据需要并在自己的职权范围内有权制定和发布各种行政法规和其他规范性文件。这些规范性文件都是依照法定程序，直接、间接依据宪法和法律而制定的，都在不同范围内和不同程度上具有法律约束力，它们内容广泛、数量众多，在实际工作中起着主要作用，是教育法数量最多的一类法源。《教师资格条例》《残疾人教育条例》都属于行政法规。

3.地方性法规

我国《宪法》第一百条规定:“省、直辖市的人民代表大会和它们的常务委员会,在不同宪法、法律、行政法规相抵触的前提下,可以制定地方性法规,报全国人民代表大会常务委员会备案。”根据这一规定,地方性法规是指省、自治区、直辖市的人民代表大会,省、自治区的人民政府所在地的市和国务院批准的较大的市的人民代表大会所制定的规范性文件的法律形式。根据宪法规定,地方性法规的立法目的在于根据本行政区域的具体情况和实际需要,实施宪法、法律和行政法规,其前提是不得同宪法、法律和行政法规相抵触。

地方性法规在制定、分布时须报全国人民代表大会常务委员会备案,其名称则有“条例”“办法”“规定”“规则”“实施细则”等。

4.自治条例和单行条例

自治条例和单行条例属于自治法规。在我国,自治法规由民族自治地方的人民代表大会及其常务委员会制定和发布。《宪法》第一百一十六条规定“民族自治地方的人民代表大会有权依照当地民族的政治、经济和文化的特点,制定自治条例和单行条例。自治区的自治条例和单行条例,报全国人民代表大会常务委员会批准后生效。”这些自治条例和单行条例中有关教育的内容,也是教育法的渊源。

5.政府规章

《宪法》第九十条规定:国务院“各部、各委员会根据法律和国务院的行政法规、决定、命令,在本部门的权限内,发布命令、指示和规章”。《中华人民共和国地方各级人民代表大会和地方各级人民政府组织法》规定:省、自治区、直辖市以及省、自治区的人民政府所在地的市和经国务院批准的较大的市的人民政府,还可以根据法律和国务院的行政法规,制定规章。根据以上两条规定,国务院所属各部、各委员会有权发布规章命令和指示,其中,凡内容属于规范性的,都是教育法法源的组成部分,这类规章的效力低于国务院的法规、决定和命令,其内容不得与宪法、法律及法规相抵触。省、自治区、直辖市以及省、自治区的人民政府所在地和经国务院批准的较大的市的人民政府所制定的规范性文件的法律形式,也都是教育法规的法律渊源之一。

2.法律

《宪法》规定,全国人民代表大会和全国人民代表大会常务委员会均有权制定法律。这里所说的“法律”,不是指广义的法律(即各种法律规范的总和),而是指由国家最高权力机关及其常设机构所制定的规范性文件,即狭义的法律。

在我国,“法律”是整个社会主义法律重要的法律渊源之一,其法律效力仅次于宪法,而其所规定的通常是社会关系中某些基本和主要的方面。

教育关系属于社会关系中基本的和主要的方面,法律构成了教育法的重要渊源，由全国人民代表大会制定和发布的《中华人民共和国教育法》，由全国人大常委会通过的《中华人民共和国义务教育法》、《中华人民共和国教师法》都属于教育法律。

3.行政法规

行政法规是指国家行政机关制定和发布的规范性文件，在效力上低于宪法和法律。我国《宪法》第八十九条规定，国务院有权“根据宪法和法律，规定行政措施、制定行政法规，颁布决定和命令”。根据这一规定，国务院根据需要并在自己的职权范围内有权制定和发布各种行政法规和其他规范性文件。这些规范性文件都是依照法定程序，直接、间接依据宪法和法律而制定的，都在不同范围和不同程度上具有法律约束力，它们内容广泛、数量众多，在实际工作中起着主要作用，是教育法数量最多的一类法源。《中华人民共和国教师资格条例》、《中华人民共和国残疾人教育条例》都属于行政法规。

4.地方性法规

我国《宪法》第一百条规定：“省、直辖市的人民代表大会和他们的常务委员会，在不同宪法、法律、行政法规相抵触的前提下，可以制定地方性法规，报全国人人民代表大会常务委员会备案。”根据这一规定，地方性法规是指省、自治区、直辖市的人民代表大会，省、自治区的人民政府所在地的市和国务院批准的较大的市的人民代表大会所制定的规范性文件的法律形式。根据宪法规定，地方性法规的立法目的在于根据本行政区域的具体情况和实际需要，实施宪法、法律和行政法规，其前提是不得同宪法、法律和行政法规相抵触。

地方性法规在制定、颁布时须报全国人民代表大会常务委员会备案，其名称则有“条例”、“办法”、“规定”、“规则”、“实施细则”等。

5.自治条例和单行条例

自治条例和单行条例属于自治法规。在我国，自治法规由民族自治地方的人民代表大会及其常务委员会制定和发布。《宪法》第一百一十六条规定：“民主自治地方的人民代表大会，有权依照当地民族的政治、经济和文化特点，制定自治条例和单行条例。自治区的自治条例和单行条例，报全国人民代表大会常务委员会批准后生效。”在这些自治条例和单行条例中有关教育的内容，也是教育法的渊源。

6.政府规章

《宪法》第九十一条规定：国务院“各部、各委员会根据法律和国务院的行政法规、决定、命令，在本部门的权限内，发布命令、指示和规章”。《地方各级人民代表大会和各级人民政府组织法》第三十五条规定：“省、自治区、直辖市以及省、自治区的人民政府所在地和经国务院批准的较大的市的人民政府，还可以根据法律和国务院的行政法规，制定规章。”根据以上两条规定，国务院所属各部、各委员会有权发布规章命令和指示，其中，凡内容属于规范性的，都是教育法法源的组成部分，这类规章的效力低于国务院的法规、决定和命令，其内容不得与宪法、法律、法规相抵触。省、自治区、直辖市以及省、自治区的人民政府所在地和经国务院批准的较大的市的人民政府所制定的规范性文件的法律形式，也都是教育法规的法律渊源之一。

（三）教育政策

1.教育政策的含义与作用

教育政策是党和政府在一定时期内为实现一定教育目的而制定的关于教育事务的行动准则。教育政策包括政策对象、政策目标和实现政策的手段三个构成要素。

为什么要有教育政策？最直接的回答是要解决教育问题。政策总是与问题分不开的，政策因为问题而产生，又为解决问题而定。就教育而言，当教育系统内部或教育系统内部与外部其他系统之间由于种种原因而出现不协调状态时，就会产生种种教育问题。这些问题往往需要各种解决策略，于是就出现了教育政策。换句话说，教育政策就是政府为解决特定教育问题而制定的行动目标、行动计划和行动手段，教育政策在解决教育问题中所起作用可以概括为导向作用、调控作用、协调作用、管理作用和分配作用几个方面。

2.教育政策与教育法的关系

教育政策与教育法既有联系，也有区别。

教育政策和教育法的联系，主要体现在三个方面：一是一致的目的。

即,教育法和教育政策都是为了调整和规范教育活动和教育关系,规范和调整教育主体的权利和义务,以使教育有效发展。二是共同的意志。即,教育政策和教育法所体现的意志是相同的,都是国家的和人民的意志。三是相互依存。即,教育政策往往是教育法的雏形,而教育法又是教育政策的依据。现有的法律是政策的依据,而法律实施则需要政策的支持,教育政策在执行过程中不断完善,那些具有普遍意义的政策就成为教育法的重要来源。

教育政策和教育法的区别,也体现在三个方面:一是制定主体不同。教育法一般由特定的立法机关制定,在我国,教育法的国家立法机构是全国人民代表大会及其常务委员会,地方各级人民代表大会和国务院等可以制定行政法规、地方性法律法规。政策的制定者既可以是政党,也可以是国家机关和政府部门。二是执行方式不同。教育法的执行是以国家强制力为后盾,任何组织和个人都必须遵守,不得违反。而政策的执行方式主要是依靠行政力量或党的纪律,运用号召、宣传等方式贯彻落实,其强制力是有限的。三是调整范围不同。政策制定的灵活性和及时性决定了政策调整的范围是特定的,有一定的时间性。相对于政策而言,教育法律更具有稳定性和长效性,适用的范围更广,其对教育活动以及教育关系的规范是根本性的。

三、教育法律关系

(一)教育法律关系的含义

教育法律关系是根据教育法律规范产生的,以主体间权利与义务关系的形式表现出来的特殊社会关系。教育法律关系具有如下特征:

(1)教育法律关系是教育关系的一种,是经过教育法律调整的教育关系的总和。所谓教育关系是指人们在教育活动中形成的社会关系的总和。按主体不同,教育关系可以分为教师与学生的关系、教师与家庭的关系、教师与社会的关系等。

然而,并不是所有的教育关系都是教育法律关系。教育法律关系特指由教育法派生出来的现象,教育法律规范是教育法律关系产生的前提,如果没有相应的教育法律规范的存在,就不可能产生教育法律关系。

(2)教育法律关系是一种权利义务关系。是以法律规范为前提,在法律规范的基础上调整主体之间的利益关系。与一般的教育关系相比,教育法律关系的突出特征在于通过教育法在教育法律关系主体之间建立起以“法律权利”与“法律义务”为内容的关系形态。

(二)教育法律关系的构成要素

与其他法律关系的构成要素相一致,教育法律关系的构成要素同样包括主体、内容、客体三方面。

1.教育法律关系的主体

教育法律关系的主体是指依据教育法参加教育法律关系,在教育法律关系中享受权利、承担义务的人。

依据我国的教育法,教育法律关系的主体大致可以分为三类:

(1)公民。即个人主体。教师、学生、学生家长等都可以成为教育法律的主体。

(2)法人。即依法能够独立享有法律权利、承担法律义务的组织。如大部分学校、公司乃至一些行政机关甚至国家(公法人)。

(3)其他组织。虽然不是法人,但根据法律能够以自己名义参加教育法律关系的组织。

2.教育法律关系的内容

教育法律关系的内容是教育法律关系的主体依据教育法律规定而享用的教育法律权利与教育法律义务。

权利和义务是法律关系的核心,它由法律规范所确认并由国家强制力保证实施,二者相互依存,不可分割,其中权利是目的,义务是实现权利的必要手段。

教育法律权利指教育法律关系的主体依据教育法律规范享有的某种权能和权益,表现为教育法律关系主体可以做出一定的作为和不作为,或要求他人做出一定的作为或不作为。

教育法律义务指教育法律关系的主体依据教育法律规范的规定必须承担或履行的某种责任,表现为法律关系的主体必须做出一定的作为或不作为。

3.教育法律关系的客体

教育法律关系的客体是指教育法律关系中，教育法律权利和教育法律义务所共同指向的对象。与一般法律关系的客体相一致，教育法律关系的客体包括物质财富、非物质财富、行为三个方面，教育领域中存在的法律纠纷，往往都是因之而起。

(1)物质财富。简称“物”，它即可以表现为自然物，如森林、土地等自然资源，也可以表现为人的劳动创造物，如建筑、机器、各种产品等；既可以是国家和集体的财产，也可以是公民个人的财产。物一般可以分为动产和不动产两类：第一，不动产。包括土地、房屋和其他建筑设施，如学校的场地，办公、教学、实验用房及其必要的附属建筑物。第二，动产。包括资金和教学仪器设备等。教育资金包括国家教育财政拨款、社会捐资等，其表现形式为货币以及其他各种有价证券，如支票、汇票、存折、债券等。

(2)非物质财富。包括创作活动的产品和其他与人身相联系的非财产性财富。前者也被称为“智力成果”，在教育领域主要包括各种教材、著作等，各种有独创性的教法、教具等。其他与人身相联系的非物质财富，包括公民(如教师、学生和其他个人主体)或组织(如教育行政机关、学校和其他组织)的姓名或名称，公民的肖像、名誉、身体健康、生命等。

(3)行为。行为是指教育法律关系的主体为实现教育权利和义务而做出的作为和不作为，行为可以满足权利人的利益和需要。在教育领域，教育行政机关的行政行为、学校的管理行为和教育教学行为都是教育法律关系赖以存在的基本行为。

(三)教育法律关系的产生、变更与终止

教育法律关系的产生，是指教育法律关系的主体之间形成一定的权利义务关系。如某个适龄儿童进入某校学习，即和该校发生了一定的权利义务关系。

教育法律关系的变更，是指教育法律关系构成要素的改变，包括主体、客体或内容等要素的改变。如甲乙两校签订了联合办学合同，在履行合同

的过程中，由于遇到新情况，甲乙两校经过协商修改了合同中的某些条款，从而引起了原合同关系内容的部分改变。

教育法律关系的终止，是指教育法律关系的主体之间权利义务不再继续，彼此丧失约束力。譬如，某教师人事调动，他和原学校的教育法律关系即终止。

一般来说，法律关系（包括教育法律关系）的产生、变更和终止是因一定的客观情况或现象出现而引起的，我们把能够引起法律关系产生、变更、终止的客观情况或现象称为“法律事实”。法律事实依据它是否以法律关系主体的意志为转移，可以分为法律事件和法律行为。

（1）法律事件。即不以人的意志为转移的法律事实，如学校因地震、洪水等自然灾害造成的财产损失，即可引起学校财产保险赔偿关系的发生。

（2）法律行为。即根据主体的意志发生转移的法律事实。如某教师与学校签订劳动合同成为某校教师，即和学校发生一定的教育法律关系。

（四）教育法律责任

教育法律责任是教育法律关系的主体因实施了违反教育法的行为或基于教育法律规范的直接规定，依法应承担的带有强制性的法律后果。这一概念主要包含以下几层含义：

第一，存在违法行为或教育法律规范的直接规定是承担教育法律责任的前提。

第二，教育法律责任的承担者是具有法定义务的教育法律主体。

第三，法律责任是一种否定性后果，其可以进一步表现为法律制裁、法律负担、强制性法律义务、法律不予以承认或撤销、宣布无效等。

一般认为，与一般法律责任相一致，教育法律责任主要包括教育行政法律责任、教育民事法律责任和教育刑事法律责任。

（1）教育行政法律责任是指教育行政法律关系主体因违反教育行政法律法规而应承担的行政性法律后果。

在教育行政法律关系中，政府及其教育行政部门是行政主体，具有依法进行教育管理的权利，学校和教师、学生作为行政相对人则依法受到管理。

教育行政法律关系主体双方均不得违反教育法律、法规的规定，否则，应当依法承担行政法律责任。

根据教育法的规定，承担违反教育法行政法律责任的方式主要有两类：行政处罚和行政处分。

行政处罚是指国家行政机关依法对违反行政法律规范的组织或个人进行惩戒、制裁的具体行政行为。教育领域涉及的行政处罚主要有警告、罚款、没收违法所得等方式。

行政处分是根据法律或国家机关、企业事业单位的规章制度，由国家机关或企事业单位给予犯有违法失职行为或违反内部纪律的所属人员的一种制裁。教育领域涉及的行政处分包括警告、记过、记大过、降级、撤职、开除等方式。

(2)教育民事法律责任是指教育民事法律关系主体因违反教育民事法律规范而应当承担的民事性法律后果。

民法是调整平等主体之间人身关系、财产关系法律规范的总称。在教育民事法律关系中，法律关系主体同样处于平等的法律地位。《中华人民共和国教育法》规定："违反本法规定，侵犯教师、受教育者、学校或者其他教育机构的合法权益，造成损失、损害的，应当依法承担民事责任。"

承担教育民事法律责任的方式，应当以《中华人民共和国民法通则》(以下简称《民法通则》)的规定为依据。我国《民法通则》第一百三十四条规定："承担民事责任的方式主要有：(一)停止侵害；(二)排除妨碍；(三)消除危险；(四)返还财产；(五)恢复原状；(六)修理、重做、更换；(七)赔偿损失；(八)支付违约金；(九)消除影响、恢复名誉；(十)赔礼道歉。"

(3)教育刑事法律责任是指行为人违反教育刑事法律规范所应承担的法律后果。追究教育刑事法律责任是对教育刑事犯罪的法律制裁，刑事制裁即刑罚，是国家对违法行为追究法律责任最严厉的形式。

依据我国相关法律规定，在教育活动中，凡是侵占、克扣、挪用教育经费，扰乱学校教育教学秩序，侵占或者破坏校舍、场地及其他财产，招生中徇私舞弊，侮辱、殴打教师和学生，体罚学生，玩忽职守致使校舍倒塌、造成师生死亡事故，情节严重构成犯罪的，均可依法追究刑事责任。

《中华人民共和国刑法》第三十二条规定："刑罚分为主刑和附加刑。"第三十三条规定："主刑的种类如下：(一)管制；(二)拘役；(三)有期徒刑；(四)无期徒刑；(五)死刑。"第三十四条规定："附加刑的种类如下：(一)罚金；(二)剥夺政治权利；(三)没收财产。附加刑也可以独立适用。"

需要说明的是，在具体到某一种违反教育法的行为时，追究法律责任的方式并不限于一种，可以同时追究两种甚至三种法律责任。比如，在招生工作中徇私舞弊的，对直接负责的主管人员和其他直接责任人员，可依法给予行政处分；构成犯罪的，可依法追究刑事责任。

四、教育法的制定、实施和监督

(一)教育法的制定

国家对社会关系的法律调整，首先是从法律制定开始的。法律制定就是国家机关依据法定权限和程序，制定、修改和废止法律、法规的活动，通常又可简称为立法。

教育法的制定是国家法律制定活动的一部分，其必须按照立法程序有序进行。

法律制定的程序又称立法程序，是指国家机关在制定、修改和废止法律规范的活动中，必须履行的法定步骤。一切法律、法规在其公布生效之前，都必须经过法定有权的机关讨论通过，一般来说，立法程序可分为如下四个步骤：

1.法律议案的提出

法律议案是指法律制定机关开会时，提请该机关列入议程讨论决定的关于法律制定、修改或废除的提案或建议。根据我国宪法和有关法律规定，具有向各级人民代表大会及其常务委员会提出有关法律议案职权的机关和人员有：各级人民代表大会的代表；各级国家权力机关的主席团、常设机关和各种委员会；各级国家行政机关；国家最高司法机关和军事机关。

以上机关和人员在提出制定、修改和废止法律议案和建议后，首先由各专设法制机关对法律草案的内容、技术以及法理等方面进行审查，并经广泛征求意见，反复讨论，审议，到最后形成提交法律制定机关审议、讨论的正式草案等。

2.法律草案的审议

审议法律草案是指法律制定机关对列入议程的法律草案正式进行审查和讨论。一般来说，法律、法规的决定通过要采用会议的形式。

在我国，决定通过法律、法规的权力机关主要是人民代表大会及其常务委员会，行政机关是国务院全体会议和常务会议，各部、各委员会的部务会议和委员会会议，地方人民政府的全体会议。

向全国人民代表大会提出的法律草案一般要先经过常务委员会审议后才提交全国人民代表大会审议。审议期间还要由法律委员会根据代表审议提出的意见进行审议并提出报告，再由主席团提交大会审议，由大会决定是否通过。

3.法律的通过

法律的通过是指法律制定机关对法律草案经过讨论并进行表决后表示正式同意。由此法律草案成为法律，这一步骤是整个立法程序中最重要和最有决定意义的阶段。

为了加强所通过法律的稳定性和权威性，法律的通过须经法律制定机关代表一定法定人数的赞成。通常，普通法律须经全国人大代表的半数通过；宪法须经全国人大代表三分之二以上的多数通过。

4.法律的公布

法律的公布是指法律制定机关将通过的法律用一定的形式予以正式公布。一般是由法定负责人以命令的形式发布，并正式在公报或报纸上发布。法律公布是立法程序的最后一环。

我国宪法规定，中华人民共和国主席根据全国人民代表大会的决定和全国人民代表大会常务委员会的决定，公布法律。其他形式的规范性文件也都有一套法定的公布程序和方式。我国教育法律法规的制定，就是在上述立法程序的运作下实现的。

（二）教育法的实施

所谓法律实施是指国家机关及其工作人员以及社会团体、公民在自己的实际活动中使法律规范得到实现。因此，法律实施的过程就是法律在现实社会生活中具体运用、贯彻和实现的过程，就是将法律中所设定的权利与义务关系转化为现实生活中的权利与义务关系，并进而将体现在法律中的国家意志转化为人们行为的过程。

一般来说，法律规范可以分为禁止性规范、义务性规范、授权性规范。

（1）禁止性规范禁止人们作出一定的行为。如《义务教育法》第十六条规定，禁止侮辱、殴打教师，禁止体罚学生，不得利用宗教进行妨碍义务教育实施的活动。

（2）义务性规范责成人们承担一定的积极行为。如《义务教育法》第四条规定，国家、社会、学校和家庭对于保障适龄儿童、少年接受义务教育权利的义务，就属于义务性规范。

（3）授权性规范授予人们可以作出某种行为或要求他人作出或不作出某种行为的能力。例如，《高等教育自学考试暂行条例》第三条规定的我国公民参加高等学校自学考试的权利，就属于授权性规范。

法律在社会生活中的实现，必须具备一定的方式。法律的实施主要可以分为两种方式，即法律适用和法律遵守。

第一，法律适用。法律适用是法律实施的一种基本方式。广义的法律适用包括国家权力机关、国家行政机关和国家司法机关及其公职人员依照法定权限和程序，将法律适用于具体的人或组织的专门活动。狭义的法律适用则专指国家司法机关依照法定职权和程序，运用法律处理各种案件的专门活动，通常所说的法律适用多为狭义的法律适用。无论广义的法律适用还是狭义的法律适用都具有强制性。

教育法需要专门的国家机关进行法律适用。譬如，依据《中华人民共和国义务教育实施细则》，当事人对行政处罚决定不服的，可以依照法律、法规的规定申请复议。当事人对复议决定不服的，可以依照法律、法规的规定向人民法院提起诉讼。当事人在规定期限内不申请复议，也不向人民法院提起诉讼,又不履行处罚决定的,由作出处罚决定的机关申请人民法院强制执行,或者依法强制执行。在这里,行政复议机构、法院以及作出处罚决定的国家行政机关都属于有专门权限的国家机关。

第二,法律遵守。法律遵守是法律实施的又一种基本方式。它是指公民、社会团体和国家机关都按照法律规定的要求去行为,它们的活动都是合法行为。

守法在社会生活中有着重要意义。对于教育法来说同样如此。我国教育法制建设的问题是,一方面法律制度还不健全,立法缺口仍然很大。譬如,《义务教育法》实施以后,配套的实施法规迟至 6 年以后才制定出来,从而在很长一段时间影响了该法律的贯彻落实。另一方面已有法规还没有得到全面有效的遵守。实践证明,多数违反教育法规的现象正是同有法不依、执法不严相关的。特别是一些领导机关和领导干部,既缺乏对教育的紧迫感、危机感,又缺乏最起码的法律意识,因此教育法规就很难真正落实。

总之,只有加强守法教育,增强法律的实效性和执法的严肃性,教育法规才能真正发挥法律效力,才能真正得到普遍遵守。

(三)教育法的监督

为了保证教育法的实施,必须加强对法律实施的监督,这是完善教育法制建设的必要一环。目前,我国已经初步形成一个通过国家法律制度的制定和运用,来制约和督促各个方面执法守法的法律监督体制。这一监督体制包括权力机关的法律监督和工作监督、行政机关的行政监督、司法机关的司法监督,以及党的监督、人民群众的社会监督等几个方面。

1.权力机关的法律监督和工作监督

在我国,国家的一切权力属于人民,人民行使国家权力的机关是全国人民代表大会和地方各级人民代表大会。国家行政机关、审判机关和检察机关都由国家机关产生,对它负责,受它监督。

就教育法监督而言,国家权力机关的监督作用,首先表现在对其所制定和颁布的宪法、教育法律、地方性法规的实施情况进行监督。全国人民代表大会有权制定和修改教育基本法、其他基本法律,全国人民代表大会常务委员会有权制定和修改除教育基本法、其他基本法律以外的教育法律，有权撤销国务院制定的同宪法、法律相抵触的教育法规等。

2.司法机关的司法监督

司法机关的司法监督主要包括检察机关对公安机关、法院机关等的司法监督以及法院对行政机关的司法监督两方面。对于教育法来说，主要是法院对行政机关的司法监督。

法院对行政机关的司法监督指法院依法对特定行政机关及其公职人员的特定行政行为是否违法、越权、侵权、失职、不当进行审理和判决。就教育行政机关而言，其作出的行政决定，凡涉及公民、法人和其他组织的人身权、财产权的，如规定的各种学校收费、印发学历证书、取消考试资格等，都应与有关法规的规定一致，否则在行政诉讼中将处于被动地位。

3.行政机关的行政监督

行政机关的行政监督包括上下级行政机关的相互监督和特设的行政监察机关对行政的监督。除此以外，在教育系统内，还有一种特殊的对教育工作的行政监督，就是督导制度。

根据规定，教育督导职权是由国家教育部行使，地方县以上均设教育督导机构。教育督导的主要任务是对下级人民政府的教育工作、下级教育行政部门和学校的工作进行监督、检查、评估和指导，保证国家有关教育方针、政策、法规的贯彻执行和教育目标的实现。

教育督导可分为综合督导、专项督导和经常性检查，由教育督导机构根据本级人民政府、教育行政部门或上级督导机构的决定实施。

4.党的监督

中国共产党是执政党，是中国社会主义事业的领导核心。中国共产党不仅作出了“科教兴国”的战略决策，还明确提出了“百年大计，教育为本”、“国运兴衰、系于教育”的正确主张。

党对教育法实施的监督，主要通过对国家教育行政部门和教育机构中党员的监督，对各级党委执行教育方针、实施教育法的评估，对教育工作中的问题进行调查研究并提出建议，对教育领域中党员干部的工作进行考查或通过党的纪检部门对违纪党员进行处分，就教育行政干部的任免、奖惩问题向权力机关和行政机关提出建议等方式进行。

5.人民群众的监督

人民群众是国家的主人,宪法规定国家的一切权力属于人民。人民群众对教育法实施的监督是人民行使当家做主权利的直接体现,具有重要意义和作用。

在我国,工会、妇联、共青团各种社会团体都是具有广泛代表性的群众组织,此外,还有村委会、居委会等社区群众组织。这些组织通过广泛收集和了解各阶层各部门群众的意愿,并采取批评、建议、控告、检举等形式对国家教育行政部门及其工作人员执行教育法的情况,对学校或其他教育机构执行和遵守教育法的情况,对与教育活动有关的社会组织、公民个人遵守教育法的情况进行监督。

思考训练

1.依法治教对教师有什么要求?

2.教师和哪些主体可以形成教育法律关系?

3.狭义的法律适用和广义的法律适用的区别是什么?

专题二

《中华人民共和国教育法》解读

学习指南

1. 了解《中华人民共和国教育法》的立法宗旨和适用范围。
2. 理解教育性质与方针、教育的基本原则和教育管理体制。
3. 掌握教育基本制度。
4. 掌握教育法律关系主体的权利和义务以及违反相关规定应承担的责任。

问题驱动

在依法治国和依法治教背景下，学习教育法律法规显得尤为重要。《教育法》作为教育法律法规的“母法”，规定了教育性质、教育的基本原则、教育基本制度以及教育法律关系主体的权利和义务等。那么，其具体内容是什么？本专题，我们将系统阐述。

案例导航

大学生暑期办班合法吗

每年暑假，许多大学生瞅准商机，做起了“中国合伙人”，公开招生办辅导班。为了减轻家庭负担，2014 年 7 月，山东建筑大学的大二学生蔡同学，未经任何部门审批，临时把济南市历城区一套居民住宅改装成教室，办起了辅导班，专门辅导初一英语和数学，学费每人每月 600 元，每天上课 3 小时。

思考：

蔡同学办班违反了什么规定？应承担什么责任？

《中华人民共和国教育法》(以下简称《教育法》)，于 1995 年 3 月 18 日由第八届全国人民代表大会第三次会议通过，1995 年 9 月 1 日起施行。2009 年 8 月 27 日，《教育法》经第十一届全国人民代表大会常务委员会第十次会议第一次修正；2015 年 12 月 27 日，《教育法》经第十二届全国人民代表大会常务委员会第十八次会议第二次修正。《教育法》的颁行是我国教育法制进程中具有里程碑意义的大事，标志着我国进入全面依法治教的新时期。

《教育法》直接依据宪法制定，是我国教育基本法。《教育法》在我国教育法律法规体系中处于“母法”地位，单行教育法律法规的制定和实施，都要以其为依据，不得与其确立的原则、规范相违背。

《教育法》共十章八十六条，涉及面广，内容丰富。下面对其主要内容进行解读。

一、《教育法》的立法宗旨与适用范围

《教育法》第一条明确揭示了立法宗旨：制定和颁行该法是“为了发展教

育事业，提高全民族的素质，促进社会主义物质文明和精神文明建设”。

《教育法》第二条指出本法的适用范围：“在中华人民共和国境内的各级各类教育，适用本法。”这里所称的“各级各类教育”，是指国家教育制度内的各级各类教育。其中的各级教育，包括学前教育、初等教育、中等教育和高等教育。各类教育包括根据不同教育分类标准划分的不同类别的教育。

考虑到军事学校教育和宗教学校教育的特殊性，《教育法》第八十四条规定：“军事学校教育由中央军事委员会根据本法的原则规定。宗教学校教育由国务院另行规定。”

二、教育性质与方针

《教育法》第三条规定了我国的教育性质：“国家坚持以马克思主义、毛泽东思想和建设有中国特色的社会主义理论为指导，遵循宪法确定的基本原则，发展社会主义教育事业。”此条文确立了我国教育事业的社会主义性质。

《教育法》总则第五条又明确规定了我国的教育方针：“教育必须为社会主义现代化服务，必须与生产劳动相结合，培养德、智、体等全面发展的社会主义事业的建设者和接班人。”这是对国家教育政策的总概括，是教育发展的总方向。

三、教育的基本原则

教育的基本原则是发展我国教育事业所必须遵循的基本要求和准则。根据《教育法》的规定，我国教育的基本原则可以概括为以下几个方面：

（一）对受教育者进行政治思想道德教育的原则

《教育法》第六条规定：“国家在受教育者中进行爱国主义、集体主义、社会主义的教育，进行理想、道德、纪律、法制、国防和民族团结的教育。”

（二）继承和吸收优秀文化成果的原则

《教育法》第七条规定了继承优秀文化成果的原则：“教育应当继承和弘

扬中华民族优秀的历史文化传统，吸收人类文明发展的一切优秀成果。”

（三）教育公益性原则

《教育法》第八条第一款规定：“教育活动必须符合国家和社会公共利益。”第二十六条第四款规定：“以财政性经费、捐赠资产举办或者参与举办的学校及其他教育机构不得设立为营利性组织。”

（四）教育与宗教相分离原则

《教育法》第八条第二款规定了教育与宗教相分离原则：“国家实行教育与宗教相分离。任何组织和个人不得利用宗教进行妨碍国家教育制度的活动。”

（五）受教育机会平等原则

《教育法》第九条确定了公民受教育机会平等原则：“中华人民共和国公民有受教育的权利和义务。”“公民不分民族、种族、性别、职业、财产状况、宗教信仰等，依法享有平等的受教育机会。”具体而言，有以下三层意思：

(1)公民享有不可剥夺的平等受教育权利。这种权利是由宪法来确认的。

(2)义务教育阶段公民的就学机会、教育条件和教育效果平等。

(3)义务教育阶段后，即初中教育后，公民的入学机会、竞争机会、成功机会均等。

（六）帮助特殊地区和保护弱势群体的原则

《教育法》第十条规定：“国家根据各少数民族的特点和需要，帮助各少数民族地区发展教育事业。国家扶持边远地区发展教育事业。国家扶持和发展残疾人教育事业。”

（七）建立和完善终身教育体系原则

《教育法》第十一条第一款规定：“国家适应社会主义市场经济发展和社

会进步的需要，推进教育改革，推动各级各类教育协调发展、衔接融通，完善现代国民教育体系，健全终身教育体系，提高教育现代化水平。”

（八）鼓励教育科学研究原则

《教育法》第十一条第二款规定：“国家支持、鼓励和组织教育科学研究，推广教育科学研究成果，促进教育质量提高。”

（九）推广普通话原则

《教育法》第十二条规定：“国家通用语言文字为学校及其他教育机构的基本教育教学语言文字，学校及其他教育机构应当使用国家通用语言文字进行教育教学。民族自治地方以少数民族学生为主的学校及其他教育机构，从实际出发，使用国家通用语言文字和本民族或者当地民族通用的语言文字实施双语教育。国家采取措施，为少数民族学生为主的学校及其他教育机构实施双语教育提供条件和支持。”

四、教育管理体制

（一）教育行政体制

1.国务院和地方各级政府的职责

《教育法》第十四条明确规定：“国务院和地方各级人民政府根据分级管理、分工负责的原则，领导和管理教育工作。中等及中等以下的教育在国务院领导下，由地方人民政府管理。高等教育由国务院和省、自治区、直辖市人民政府管理。”这是我国现行的教育行政分级管理的基本体制。这些规定首要的意义在于明确了国务院和地方各级人民政府对于教育工作具有义不容辞的法律责任。

2.国务院教育行政部门的职责

《教育法》第十五条规定：“国务院教育行政部门，主管全国教育工作，统筹规划、协调管理全国的教育事业。”具体来说，国务院教育行政部门的主要职责是依据宪法和法律，制定教育部门规章和教育预算，掌握教育的大政方针，领导和管理全国的教育工作；统筹整个教育事业的发展，协调各部门的有关教育工作，统一部署和指导教育体制的改革等。

3.县级以上地方各级政府教育行政部门的职责

《教育法》第十五条规定："县级以上地方人民政府教育行政部门主管本行政区域内的教育工作。县级以上各级人民政府其他有关部门在各自的职责范围内，负责有关的教育工作。"

（二）学校内部管理体制

《教育法》第三十一条规定："学校及其他教育机构的举办者按照国家有关规定，确定其所举办的学校或者其他教育机构的管理体制。"可见，《教育法》未对学校管理体制作统一规定。现行的学校内部管理体制有"校长负责制"、"党委领导下的校长负责制"、"董事会领导下的校长负责制"等。

五、教育基本制度

新中国成立以来，我国教育体制日臻完善，形成了一系列基本制度。《教育法》第二章对我国教育的基本制度作了明确规定。

（一）学校教育制度

学校教育制度简称学制。它规定各级各类学校的性质、任务、入学条件、修业年限以及它们之间的衔接和关系。

《教育法》第十七条规定我国现行学校教育制度为："国家实行学前教育、初等教育、中等教育、高等教育的学校教育制度。国家建立科学的学制系统。学制系统内的学校和其他教育机构的设置、教育形式、修业年限、招生对象、培养目标等，由国务院或者由国务院授权教育行政部门规定。"

（二）义务教育制度

义务教育是国家根据法律规定对适龄儿童和少年实施的一定年限的强制的、普及的、免费的学校教育，是国家、社会、学校、家庭必须予以保证的国民教育。

《教育法》第十九条规定:“国家实行九年制义务教育制度。各级人民政府采取各种措施保障适龄儿童、少年就学。适龄儿童、少年的父母或者其他监护人以及有关社会组织和个人有义务使适龄儿童、少年接受并完成规定年限的义务教育。”

(三)职业教育和成人教育制度

《教育法》第二十条规定:“国家实行职业教育制度和成人教育制度。各级人民政府、有关行政部门以及企业事业组织应当采取措施,发展并保障公民接受职业学校教育或者多种形式的职业培训。国家鼓励发展多种形式的成人教育,使公民接受适当形式的政治、经济、文化、科学、技术、业余教育和终身教育。”

职业教育是教给学生从事某种职业或生产劳动所需要的知识和技能的教育。我国的职业教育包括职业学校教育、职业培训和职前培训。职业教育分为初等、中等、高等三级。

成人教育是通过业余、脱产或半脱产的形式,对成年人进行的教育。它是学校教育的继续、补充和延伸,是终身教育的组成部分。

(四)国家教育考试制度

《教育法》第二十一条规定:“国家实行国家教育考试制度。国家教育考试由国务院教育行政部门确定种类,并由国家批准的实施教育考试的机构承办。”

国家教育考试制度是国家教育管理制度的重要组成部分。国家教育考试是指由国家批准实施教育考试的机构根据一定的考试目的,按照国务院教育行政部门所确定的考试内容、考试原则、考试程序,对受教育者的知识和能力进行的测定、评价,是检验受教育者是否达到国家规定的教育标准的重要手段。

(五)学业证书制度和学位制度

《教育法》第二十二条规定:“国家实行学业证书制度。经国家批准设立或者认可的学校及其他教育机构按照国家有关规定，颁发学历证书或者其他学业证书。”第二十三条规定：“国家实行学位制度。学位授予单位依法对达到一定学术水平或者专业技术水平的人员授予相应的学位，颁发学位证书。”

学业证书是指学校及其他教育机构颁发的，证明学生完成学业情况的凭证。它是用人单位衡量持有者知识水平的依据。

学位制度是国家或高等学校以学术水平为衡量标准，通过授予一定称号来表明专门人才知识能力等级的制度。学位是评价学术水平的一种尺度。

（六）教育督导制度和评估制度

《教育法》第二十五条规定：“国家实行教育督导制度和学校及其他教育机构教育评估制度。”

教育督导制度是县以上各级人民政府授权给所属的教育部门，对下级人民政府及其教育部门的教育工作进行监督、指导的制度。通过该项制度，可以保证国家的教育方针、政策和法律、法规得以很好的贯彻执行。

教育评估制度是依据一定的教育目标和标准，对学校的办学水平、教育质量等方面进行评价和估量，以保证办学基本质量的一项制度。

六、学校及其他教育机构

学校及其他教育机构是指经国家主管机关批准设立或者依法登记注册设立的教育教学活动的社会组织。它是有计划、有组织、有系统地进行教育教学活动的重要场所，既包括学制系统内、以实施学历性教育为主的机构，又包括各种实施非学历性教育的机构。《教育法》对学校及其他教育机构的设立条件、权利、义务作了明确规定。

（一）学校及其他教育机构的设立条件

《教育法》第二十七条明确规定：“设立学校及其他教育机构，必须具备下列基本条件：有组织机构和章程；有合格的教师；有符合规定标准的教学场所及设施、设备等；有必备的办学资金和稳定的经费来源。”以上四项基本条件，缺一不可。

（二）学校与其他教育机构的权利

根据《教育法》第二十九条规定，学校及其他教育机构可以行使下列权利：

1.按照章程自主管理

学校及其他教育机构有权依照法定程序建立学校，进行自主管理。办学章程由学校及其他教育机构自行拟定，报主管部门批准。

2.组织实施教育教学活动

教育教学活动是学校及其他教育机构最基本、最主要的活动。学校及其他教育机构根据自己的办学宗旨和任务，依据国家主管部门有关教育计划、课程、专业设置等方面的规定，有权决定和实施自己的教学计划，决定具体课程、专业发展，决定选用何种教材，决定具体的课时和教学进度等。

3.招收学生和其他受教育者

学校及其他教育机构在符合国家招生规定的情况下，有权根据自己的办学宗旨、培养目标、规格、任务及办学条件和能力，制定本机构具体的招生办法，发布招生广告，决定招生的具体数量，决定录取或不录取等。

4.对受教育者进行学籍管理，实施奖励或处分

学校及其他教育机构有权对受教育者进行学籍管理，实施奖励或处分。实施学籍管理，主要是根据主管部门的学籍管理规定，针对受教育者的不同层次和类别，制定有关入学与报名注册、考试与成绩、纪律与考勤、休学与复学、转学、退学等管理办法。同时学校及其他教育机构有权根据国家有关学生奖励和处分的规定，结合本校实际，制定具体的奖励与处分办法，并对受教育者实施奖励与处分等。

5.对受教育者颁发相应的学业证书

学校及其他教育机构根据受教育者完成学业的情况，按照学业证书管理规定，有权对经考核成绩合格的受教育者，按其类别颁发毕业证书、结业证书或肄业证书。

6.聘任教师及其他职工，实施奖励或者处分

学校及其他教育机构根据国家有关教师和其他教职工管理的法律法规、主管部门的规定，有权从本校的办学条件、能力和实际编制情况出发，自主决定聘任、解聘教师和其他职工；有权对成绩优异者，给予表彰或奖励，对不胜任者或玩忽职守者，给予批评或处分。

7.管理和使用本单位的设施和费用

学校及其他教育机构对其占有的场地、教室、宿舍、教学设备、设施等和办学经费以及其他有关财产享有管理权和使用权。

8.拒绝任何组织和个人对教育活动的非法干涉

学校及其他教育机构有权拒绝任何组织和个人在招生、分配等方面进行非法干涉；有权拒绝任何组织和个人的乱摊派、乱收费、乱罚款。

9.法律、法规规定的其他权利

（三）学校及其他教育机构的义务

根据《教育法》第三十条具体规定，学校及其他教育机构应履行下列义务：

1.遵守法律、法规

遵守国家法律、法规是一切国家机关、社会团体、企业事业单位和个人的法律义务。学校及其他教育机构不仅应当履行一般法律法规诸如宪法、法律、行政法规等规定的义务，还应当履行教育法律法规为学校及其他教育机构规定的特定意义上的义务。

2.完成教育教学的义务

学校必须贯彻国家的教育方针，执行国家的教育教学标准，完成教育教学任务。国家的教育方针和教育标准有着法律效力，对学校和其他教育机构具有普遍的约束力和强制作用。

3.维护受教育者、教师及其他职工合法权益的义务

学校及其他教育机构作为社会组织，在行使行政管理权时，要尊重教育者、教师及其他职工的合法权益，尽量为教育者和教职工提供良好的工作条件、创造良好的工作环境。当本机构以外的其他社会组织和个人侵犯了本机构的受教育者、教师及其他职工的合法权益时，学校及其他教育机构有义务以合法方式，积极协助有关单位查处违法行为人，维护本机构成员的合法权益。

4.对学生及其家长的义务

学校及其他教育机构有义务以适当方式为受教育者及其监护人了解受教育者的学业成绩及其他有关情况提供便利，不得拒绝受教育者及其监护人了解受教育者学业成绩及其他有关情况等的请求。

5.遵照国家有关规定收取费用并公开收费项目

学校及其他教育机构应当按照中央和地方各级政府及其有关部门的收费规定，确定收取学杂费的具体标准，不得乱收费，也不能擅自提高收费标准。同时，收费项目应向社会公开，自觉接受社会监督，维护办学机构的公益性质。

6.依法接受监督

为了保证教育事业的社会主义方向，贯彻国家教育方针，执行国家统一的教育教学标准，学校及其他教育机构应当依法接受国家行政机关、教育行政部门的监督，还要接受财政、审计、工商、物价、卫生和体育等部门的监督。

七、教育者与受教育者

《教育法》对教师、其他教育工作者与受教育者的权利和义务作出规定，以便更好地维护教育者和受教育者的合法权益，确保教育活动顺利开展。

（一）教师和其他教育工作者的权利、义务

《教育法》第三十三条、第三十四条规定："教师享有法律规定的权利，履行法律规定的义务，忠诚于人民的教育事业。""国家保护教师的合法权益，改善教师的工作条件和生活条件，提高教师的社会地位。"在《教育法》的"子法"《中华人民共和国教师法》中，对教师的权利和义务作了更明确规定，专题四再系统介绍。

（二）受教育者的权利

根据《教育法》第四十三条规定，受教育者有以下权利：

1.参加教育教学活动并使用教育资源权

参加教育教学活动并使用教育资源权，是学生接受教育的前提和基础，任何组织和个人不得以任何借口非法剥夺学生该项权利。在教育教学过程中，学生有权参加教育教学计划安排的各种课堂教学、讲座、课堂讨论、观摩、实验、见习、实习、测验和考试等活动，有平等使用教育教学设施、设备和图书资料的权利。

2.获得物质帮助权

为了保障所有人都有受教育的权利和机会，并鼓励学生勤奋学习，国家通过一定途径给予学生以物质上的帮助。

案例

国家奖学金是否应该被二次分配

《长江日报》7月24日报道，“为了倡导一种团结友爱、互帮互助的精神”，湖北省某师范学院日前“建议”对该校35名国家奖学金获得者的奖学金进行“二次分配”，以资助更多未获奖的贫困生。为达到目的，该院院、系领导“亲自”出马，拿着已经填好了“建议捐款数额”的“自愿捐款协议书”对获奖学生进行“动员”，终于使除家庭特别困难、所得奖学金不够交清所欠学费的3名学生之外的其他32名学生捐出10.4万元奖金。

【点评】《教育法》第四十三条规定：受教育者享有“按照国家有关规定获得奖学金、贷学金、助学金”的权利。湖北省某师范学院的做法显然侵犯了学生获得国家奖学金的权利。

3.获得公正评价和学业证书权

该权利包括两方面：

(1)在校学习期间学生有获得公正的学业评价和品行评价的权利。

(2)学生在完成规定的学业任务后，有权获得相应的学业证书、学位证书。

4.申诉起诉权

《教育法》第四十三条第四项规定，学生有权“对学校给予的处分不服，向有关部门提出申诉，对学校、教师侵犯其人身权、财产权等合法权益，提出申诉或者依法提起诉讼”，该权利可简称为“申诉起诉权”。

该权利是公民申诉权和诉讼权在学生身上的具体体现。理解该权利必须把握以下几点：

(1)对学校处分不服，只能申诉，不能诉讼。

(2)学生只要“认为”学校、教师侵犯其人身权、财产权等合法权益，就可以提出申诉或者依法提起诉讼。

(3)申诉受理部门包括学校和教育行政机关。

5.法律法规规定的其他权利

学生除享有以上四项基本权利外，还享有《宪法》、《教育法》和《未成年人保护法》等法律法规规定的其他权利，主要包括人身权和财产权。

(三)受教育者的义务

《教育法》第四十四条明确规定：“受教育者应当履行下列义务：(一)遵守法律、法规；(二)遵守学生行为规范，尊敬师长，养成良好的思想品德和行为习惯；(三)努力学习，完成规定的学习任务；(四)遵守所在学校或者其他教育机构的管理制度。”

八、教育投入与条件保障

教育事业是一个国家经济和社会发展事业的重要组成部分，要保证其正常运行，需要社会投入一定的人力、物力和财力。为了确保教育经费按时足额投入，《教育法》对教育投入与条件保障通过法律形式作出了规定。

(一)我国教育经费筹措的体制

《教育法》第五十四条规定：“国家建立以财政拨款为主，其他多种渠道筹措教育经费为辅的体制。”此规定构建了我国筹措教育经费的新体制。根据《教育法》第五十四条、第五十五条、第五十六条、第五十九条、第六十条、第六十二条规定，我国教育经费的来源主要包括财政拨款、校办产业收益、教育集资、教育捐资、金融信贷等。

(二)教育条件保障

教育条件保障是一种物化的有形保障，且是教育发展不可缺少的最基本条件保障。它主要指学校基本建设条件保障、教材和教育装备条件保障、现代化教学手段保障等。

《教育法》第六十四条规定:“地方各级人民政府及其有关行政部门必须把学校的基本建设纳入城乡建设规划，统筹安排学校的基本建设用地及所需物资，按照国家有关规定实行优先、优惠政策。”这一规定为加快学校基本建设、保障学校权益提供了法律依据。

九、法律责任

(一)有关教育经费的法律责任

1.不按照预算核拨教育经费的法律责任

《教育法》第七十一条第一款规定:“违反国家有关规定，不按照预算核拨教育经费的，由同级人民政府限期核拨；情节严重的，对直接负责的主管人员和其他直接责任人员，依法给予行政处分。”

2.挪用、克扣教育经费的法律责任

《教育法》第七十一条第二款规定:“违反国家财政制度、财务制度，挪用、克扣教育经费的，由上级机关责令，限期归还被挪用、克扣的经费，并对直接负责的主管人员和其他直接责任人员，依法给予行政处分，构成犯罪的，依法追究刑事责任。”

(二)关于扰乱教育秩序与侵占学校财产的法律责任

1.扰乱教育秩序与破坏学校财产的法律责任

《教育法》第七十二条第一款规定:“结伙斗殴、寻衅滋事、扰乱学校及其他教育机构教育教学秩序或者破坏校舍、场地及其他财产的，由公安机关给予治安管理处罚；构成犯罪的，依法追究刑事责任。”

案例分析

女儿被留家观察 父亲扰乱学校教学秩序被拘留

2003 年 5 月，西安市阎良区关山镇孙家村村民郑某，在各方全力防治非典的紧要关头，滋事扰乱当地学校的正常教学秩序，被西安市公安局阎良分局关山派出所治安拘留。

孙家村郑某的儿子从疫区返乡，因与在孙家村小学上学的妹妹有接触史，校方依照通知规定，例行对学生进行身体检查后，要求郑某的女儿在家观察 14 天。其父对此不满，5 月 6 日一大早就到学校问缘由。校方作出解释后，郑某仍然不理睬，在学校内拨通关山镇教育组的电话，破口大骂教育组工作人员，还当场撕毁区教育局文件，连续吵闹 1 个多小时。

（资料来源：《华商报》，2003 年 5 月 10 日。）

【点评】 案例中郑某在校方作出解释后，仍然不理睬，并在学校内拨通关山镇教育组的电话，破口大骂教育组工作人员，还当场撕毁区教育局文件，连续吵闹 1 个多小时，扰乱了学校及其他教育机构的教育教学秩序。关山派出所依照《教育法》第七十二条第一款规定，对其处以治安拘留处罚，完全正确。

2.侵占校舍、场地及其他财产的法律责任

《教育法》第七十二条第二款规定："侵占学校及其他教育机构的校舍、场地及其他财产的，依法承担民事责任。"

（三）关于校舍与设施安全的法律责任

《教育法》第七十三条规定："明知校舍或者教学设施有危险，而不采取措施，造成人员伤亡或者重大财产损失的，对直接负责的主管人员和其他直接责任人员，依法追究刑事责任。"

学校或其他教育机构中供学生、教师及其他员工学习、教学、居住、锻炼的校舍、场地、教具、体育设施等，在结构、功能上，具有潜在的不安全因素，不能确保使用安全等，均属于教学设施有危险。

(四)关于违法向学校和学生收费的法律责任

《教育法》第七十四条规定:"违反国家有关规定,向学校或者其他教育机构收取费用,由政府责令退还所收费用;对直接负责的主管人员和其他直接责任人员,依法给予行政处分。"第七十八条规定:"学校及其他教育机构违反国家有关规定向受教育者收取费用的,由教育行政部门责令退还所收费用;对直接负责的主管人员和其他直接责任人员,依法给予行政处分。"

(五)关于侵犯教师、学生、学校民事权益的法律责任

《教育法》第四十三条规定:"受教育者有对学校侵犯其人身权、财产权等合法权益提出申诉或者依法提起诉讼的权利。"《教育法》第八十三条还规定:"违反本法规定,侵犯教师、受教育者、学校或者其他教育机构的合法权益,造成损失、损害的,应当依法承担民事责任。"

思考训练

1. 结合实际谈谈,国家为什么把"发展教育事业,提高全民族的素质"作为《教育法》的重要立法宗旨?

2. 联系实际,谈谈你对学校权利的理解和认识。

3.《教育法》第三十条第四款规定:学校及其他教育机构有"以适当方式为受教育者及其监护人了解受教育者的学业成绩及其他有关情况提供便利"的义务。结合实际,谈谈为什么把"学生学业成绩的保护"上升到法律高度?

专题三

《国家中长期教育改革和发展规划纲要（2010~2020年）》解读

学习指南

1. 掌握国家中长期教育改革和发展规划的工作方针、战略主题和战略目标。
2. 了解国家中长期教育发展任务。
3. 理解国家中长期教育体制改革的内容。
4. 了解国家中长期教育改革和发展规划的保障任务。

问题驱动

党的十七大从国家战略和全局高度，提出优先发展教育、建设人力资源强国的宏伟目标，为了实现这一目标，中共中央、国务院 2010 年 7 月 29 日正式发布了《国家中长期教育改革和发展规划纲要（2010～2020 年）》。该文件从我国现代化建设的总体战略出发，规划描绘了我国未来教育改革发展的宏伟蓝图。那么，中共中央、国务院规划描绘了怎样的宏伟蓝图呢？本专题，我们将系统阐述。

案例导航

再也不“减负”了

在期末考试后的家长会上，武汉市某小学三年级（2）班的班主任向家长们鞠躬道歉，表示今后将“痛改前非”，再也不“减负”了。这位老师之所以道歉，是因为她所带的班在期末统考中，综合成绩下降到年级组倒数第二。而这一切都是“减负”惹的祸。这位女老师过去所带班级学生的各科成绩都排在年级前列。从上学期开始，她按照上级规定的“减负”要求，减少了学生的课外作业。可“减负”之后班级成绩明显下滑。

思考：

为什么“减负”难以推进？怎样“减负”才不违背素质教育的思想和要求？

《国家中长期教育改革和发展规划纲要（2010～2020 年）》（以下简称《教育规划纲要》）于 2010 年 7 月 29 日由中共中央、国务院正式发布。《教育规划纲要》是 21 世纪我国第一个教育改革发展规划纲要，是今后一个时期指导全国教育改革和发展的纲领性文件。《教育规划纲要》开启了我国从教育大国向教育强国、从人力资源大国向人力资源强国迈进的新的历史征程，必将成为我国教育改革发展史上一个新的里程碑。

一、《教育规划纲要》制定的背景

《教育规划纲要》的制定有其特定的社会和教育背景，是十分必要和适宜的。

(一)《教育规划纲要》的制定是我国积极应对国际竞争的迫切需要

当今世界正处在大发展、大变革、大调整时期。世界格局深刻变化、科技进步日新月异、人才竞争日趋激烈。为了在日趋激烈的国际竞争中抢占先机,许多国家都把发展教育、开发人力资源作为重大国家战略,积极谋划教育改革发展,制定教育和人才资源开发规划。当代中国正站在新的历史起点上加速发展,由人力资源大国向人力资源强国迈进。我国要在激烈的国际竞争中赢得主动地位,必须优先发展教育,长远谋划教育改革发展。

(二)《教育规划纲要》的制定是推进新时期我国经济社会发展的需要

我国经济社会已经发展到一个新的历史时期。2020 年我国要全面建成小康社会,国家与社会建设需要大量适应新时期发展的创新型人才。而教育是培养人才的基础。这就需要我们对目前的教育进行较大的改革,对未来的教育进行合理规划和设计,使教育的发展与经济、社会的进步相匹配。否则,教育将成为我国经济与社会发展的瓶颈性障碍。

(三)《教育规划纲要》的制定是推动教育事业改革发展的迫切需要

新中国成立以来,我们实现了从扫盲到普及九年义务教育,再到今天的全面实现城乡免费义务教育;从恢复高考到高等教育的跨越式发展;从文盲充斥到今天的人力资源开发处于发展中国家较好水平等。但是,我国的教育还不能满足国家经济、社会发展和人民群众接受良好教育的要求。这表现在:教育观念相对落后,内容方法陈旧,中小学生课业负担过重,素质教育推进困难;学生适应社会的能力不强,创新型、实用型、复合型人才紧缺;教育体制不活,学校办学活力不足;区域教育发展不平衡;教育投入不足等。因此,结合我国教育事业发展实际,解决我国教育领域存在的突出矛盾和问题,推进教育改革和发展,满足人民群众对教育的新期待,具有重大的战略意义。

二、教育改革和发展的总体战略

总体战略部分是整个《教育规划纲要》的灵魂。总体战略部分明确了今后的工作方针、战略主题和战略目标。

(一)工作方针

《教育规划纲要》明确提出了 20 字工作方针,即“优先发展、育人为本、改革创新、促进公平、提高质量”。这 20 个字的工作方针是有其内在逻辑的。优先发展是国家发展战略,育人为本是教育改革发展的核心,促进公平和提高质量是今后一个时期教育改革发展的两大重点,改革创新是实现“育人为本”这一核心、全面推动教育事业科学发展的根本保证。

(二)战略目标

《教育规划纲要》规定,到 2020 年我国教育事业改革发展的战略目标是“两基本、一进入”,即基本实现教育现代化,基本形成学习型社会,进入“人力资源强国”行列。其中,“基本实现教育现代化”是党的十七大关于优先发展教育、提高教育现代化水平的重要体现,“基本形成学习型社会”是党的十六大、十七大提出的重要目标,“进入‘人力资源强国’行列”是实现全面建设小康社会目标、进入创新型国家和人才强国行列的重要基础。

《教育规划纲要》明确提出,实现战略目标的基本途径,具体如下:

1.实现更高水平的普及教育

更高水平的普及教育能够提高国民文化水平和文化素质,是经济社会发展的需要。《教育规划纲要》提出,普及教育不仅要巩固提高九年制义务教育水平,普及学前教育、高中阶段教育,还要使高等教育大众化水平进一步提高,毛入学率达到 40%,提高劳动力平均受教育年限。

2.形成惠及全民的公平教育

惠及全民的公平教育就是要坚持教育的公益性和普惠性,保障公民依法平等享有接受良好教育的机会。因此,《教育规划纲要》提出要建成覆盖城乡的基本公共教育服务体系,逐步实现基本公共教育服务均等化,努力办好每一所学校，教好每一个学生，不让一个学生因家庭经济困难而失学。

3.提供更加丰富的优质教育

针对我国教育供给不足、优质教育资源匮乏的现状，《教育规划纲要》提出要不断扩大优质教育资源总量，增强各类人才服务国家、服务人民和参与国际竞争的能力。

4.构建完备的终身教育体系

构建完备的终身教育体系是形成学习型社会的重要条件。《教育规划纲要》提出，构建完备的终身教育体系，就要学历教育和非学历教育协调发展，职业教育和普通教育相互沟通，职前教育和职后教育有效衔接，促进全体人民学有所教、学有所成、学有所用。

5.健全充满活力的教育体制

针对我国教育体制不能适应经济社会的发展，《教育规划纲要》提出，进一步解放思想，深化改革，提高教育开放水平，全面形成与社会主义市场经济体制、全面建设小康社会目标相适应的充满活力、富有效率、更加开放、有利于科学发展的教育体制机制，办出具有中国特色、世界水平的现代教育。

(三)战略主题

《教育规划纲要》明确指出，坚持以人为本、全面实施素质教育是教育改革发展的战略主题，是贯彻党的教育方针的时代要求，其核心是解决好培养什么人、怎样培养人的重大问题，重点是面向全体学生、促进学生全面发展，着力提高学生服务国家、服务人民的社会责任感，以及勇于探索的创新精神、善于解决问题的实践能力。教育改革发展的战略主题要点如下：

1.坚持德育为先

德育为先是指把德育工作置于全面发展教育的首位。《教育规划纲要》指出：坚持德育为先就必须加强公民意识教育，树立社会主义民主法治、自由平等、公平正义理念，培养社会主义合格公民；加强中华民族优秀文化传统教育和革命传统教育；把德育渗透于教育教学的各个环节，贯穿于学校教育、家庭教育和社会教育的各个方面。

2.坚持能力为重

教育不仅仅是传授知识,而且是培养学生各种能力。《教育规划纲要》指出,坚持能力为重,着力提高学生的学习能力、实践能力、创新能力,教育学生学会知识技能,学会动手动脑,学会生存生活,学会做人做事,促进学生主动适应社会,开创美好未来。

3.坚持全面发展

人的全面发展是社会主义教育目的的核心内容。因此,《教育规划纲要》指出,全面加强和改进德育、智育、体育、美育,促进德育、智育、体育、美育有机融合,提高学生综合素质,使学生成为德、智、体、美全面发展的社会主义建设者和接班人。

三、各级各类教育发展任务

《教育规划纲要》按照完善现代国民教育体系、形成终身教育体系的要求,明确了今后一个时期我国教育的八项发展任务:

(一)积极发展学前教育,重点发展农村学前教育

学前教育对幼儿身心健康、习惯养成、智力发展具有重要意义。因此,《教育规划纲要》明确提出:"积极发展学前教育,到2020年,普及学前一年教育,基本普及学前两年教育,有条件的地区普及学前三年教育。"

为了实现这一目标,《教育规划纲要》明确了各级政府的责任:制定适应各地实际的事业发展规划;加大财政投入,扩大普惠性资源;加强幼儿教师队伍建设;建立科学的学前教育机构监管机制。

另外,由于农村学前教育的普及率较低,实现基本普及学前教育规划目标的重点和突破口都在农村,因此,《教育规划纲要》规定:"着力保证留守儿童入园;采取多种形式扩大农村学前教育资源,改扩建、新建幼儿园,充分利用中小学布局调整富余的校舍和教师举办幼儿园(班);发挥乡镇中心幼儿园对农村幼儿园的示范指导作用;支持贫困地区发展学前教育。"

(二)巩固提高九年制义务教育水平,推进义务教育均衡发展,减轻中小学生课业负担

义务教育是国家依法统一实施、所有适龄儿童少年必须接受的教育,具有强制性、免费性和普及性的特点,是教育工作的重中之重。义务教育水平的高低,决定一个国家国民的整体素质,决定一个国家的未来发展。因此,《教育规划纲要》阐明了义务教育的目标,即“到2020年,全面提高普及水平,全面提高教育质量,基本实现区域内均衡发展,确保适龄儿童少年接受良好义务教育”。

义务教育均衡发展是构建和谐社会、体现教育公平、全面实施素质教育的必然要求。《教育规划纲要》对推进义务教育均衡发展的具体措施作了规定:均衡配置教师、设备、图书、校舍等资源;切实缩小校际差距,着力解决择校问题;加快薄弱学校改造,着力提高师资水平;实行县(区)域内教师、校长交流制度。实行优质普通高中和优质中等职业学校招生名额合理分配到区域内初中的办法;义务教育阶段不得设置重点学校和重点班;加快缩小城乡差距,建立城乡一体化义务教育发展机制等。

过重的课业负担严重损害儿童少年身心健康。减轻学生课业负担是全社会的共同责任,政府、学校、家庭、社会必须共同努力,标本兼治,综合治理。《教育规划纲要》主要从以下几方面来落实“减负”工作:改革考试评价制度和学校考核办法;建立学生课业负担监测和公告制度;不以升学率对地区和学校进行排名,不得下达升学指标;规范各种社会补习机构和教辅市场;提高教师业务素质,改进教学方法,增强课堂教学效果等。

(三)加快普及高中阶段教育,全面提高学生综合素质

高中阶段是学生个性形成、自主发展的关键时期,高中阶段教育对提高国民素质和培养创新人才具有特殊意义。《教育规划纲要》规定:“到2020年,普及高中阶段教育,满足初中毕业生接受高中阶段教育需求。”这是建设人力资源强国和创新型国家的需要,也是社会发展和个体发展的现实要求。

为了全面提高普通高中学生综合素质,《教育规划纲要》明确规定:深入

推进课程改革，保证学生全面完成国家规定的文理等各门课程的学习；创造条件开设丰富多彩的选修课，促进学生全面而有个性的发展；逐步消除大班额现象；积极开展研究性学习、社区服务和社会实践；建立科学的教育质量评价体系，全面实施高中学业水平考试和综合素质评价等。

（四）大力发展职业教育，提升职业教育吸引力和培养质量

发展职业教育是推动经济发展、促进就业、改善民生、解决“三农”问题的重要途径，是缓解劳动力供求结构矛盾的关键环节，必须摆在更加突出的位置。因此，《教育规划纲要》提出了以下目标：到 2020 年，形成适应经济发展方式转变和产业结构调整要求、体现终身教育理念、中等和高等职业教育协调发展的现代职业教育体系，满足人民群众接受职业教育的需求，满足经济社会对高素质劳动者和技能型人才的需要。为了实现上述目标，《教育规划纲要》提出了四大举措：大力发展职业教育、调动行业企业的积极性、加快发展面向农村的职业教育、增强职业教育吸引力。

（五）全面提高质量，实现高等教育统筹协调发展

高等教育承担着培养高级专门人才、发展科学技术文化、促进社会主义现代化建设的重要任务。提高质量是高等教育发展的核心任务，是建设高等教育强国的基本要求。因此，《教育规划纲要》规定：“到 2020 年，高等教育结构更加合理，特色更加鲜明，人才培养、科学研究和社会服务整体水平全面提升，建成一批国际知名、有特色、高水平的高等学校，若干所大学达到或接近世界一流大学水平，高等教育国际竞争力显著增强。”

（六）加快发展继续教育，构建灵活开放的终身教育体系

继续教育是学校教育之后面向所有社会成员的教育活动，特别是成人教育活动，是终身学习体系的重要组成部分。《教育规划纲要》明确指出，加快发展继续教育，构建灵活开放的终身教育体系必须更新继续教育观念、加大投入、建立健全继续教育体制机制等。

(七)重视和支持民族教育事业,加快发展民族教育事业

加快民族教育事业发展,对于推动少数民族和民族地区经济社会发展,促进各民族共同团结奋斗、共同繁荣发展,具有重大而深远的意义。为了加快民族教育事业发展,《教育规划纲要》规定:公共教育资源要向民族地区倾斜;促进民族地区各级各类教育协调发展;大力推进双语教育;加强教育对口支援。

(八)关心和支持特殊教育,完善特殊教育体系,健全特殊教育保障机制

资料卡片

特殊教育

特殊教育是使用一般的或经过特别设计的课程、教材、教法、教学组织形式和教学设备,对有特殊需要的儿童进行旨在达到一般和特殊培养目标的教育,它的目的和任务是最大限度地满足社会的要求和特殊儿童的教育需要,发展他们的潜能,使他们增长知识、获得技能、完善人格,增强社会适应能力,成为对社会有用的人才。

中国实施特殊教育的对象主要是盲、聋、哑、智力落后以及有其他身心缺陷的儿童和青少年。我国设有盲聋哑学校、低能儿学校或低常儿童班、弱智儿童班,以及工读学校等。《教育规划纲要》要求市(地)和30万人口以上、残疾儿童少年较多的县(市)都要建一所特殊教育学校。

四、教育体制改革

《教育规划纲要》明确了今后一个时期我国教育六大体制改革:

(一)人才培养体制改革

人才培养体制改革是教育体制改革的核心。《教育规划纲要》从教育改革发展全局出发,首次对人才培养体制改革作出了全面部署。

1.更新人才培养观念

人才培养观念是指人们关于培养什么人、怎样培养人等问题的思想认

识，直接影响人才培养的方向、方式和效果，因而是人才培养体制改革的关键环节。《教育规划纲要》明确提出了更新人才培养观念的具体内容，即要树立全面发展观念、人人成才观念、多样化人才观念、终身学习观念以及系统培养观念。

2.创新人才培养模式

创新人才培养模式是人才培养体制改革的中心工作。《教育规划纲要》指出创新人才培养模式的目标，即“适应国家和社会发展需要，遵循教育规律和人才成长规律，深化教育教学改革，创新教育教学方法，探索多种培养方式，形成各类人才辈出、拔尖创新人才不断涌现的局面”。人才培养模式创新涉及教育的方方面面，工作重点有三个方面：学思结合、知行统一、因材施教。

3.改革教育质量评价和人才评价制度

教育质量评价和人才评价制度是人才培养体制的重要组成部分。《教育规划纲要》对教育质量评价和人才评价制度改革作了明确规定，主要包括以下几方面：建立科学、多样的教育质量评价标准；开展由政府、学校、家长及社会各方面参与的教育质量评价活动；完善综合素质评价；树立科学人才观；建立科学化、社会化人才评价发现机制；强化人才选拔使用中对实践能力的考查。

（二）考试招生制度改革

推进素质教育实施和创新人才培养的关键是考试和招生制度改革。《教育规划纲要》为考试和招生制度改革确立了一个目标：按照政府宏观管理，专业机构组织实施，学校依法自主招生，学生多次选择，逐步形成分类考试、综合评价、多元录取的考试招生制度。

（三）建设现代学校制度

建立现代学校制度是促进教育现代化，提高人才培养质量的重要保证，也是我国当前教育体制改革的重要目标之一。《教育规划纲要》明确指出，要“适应中国国情和时代要求，建设依法办学、自主管理、民主监督、社会参与的现代学校制度，构建政府、学校、社会之间新型关系”。其中“依法办学、自主管理、民主监督、社会参与”指明了现代学校制度的特点，而“构建政府、学校、社会之间新型关系”，则指出了现代学校制度所要处理的主体之间的关系。

（四）办学体制改革

办学体制改革是教育体制改革的重要组成部分。《教育规划纲要》提出了办学体制改革的总目标：坚持教育公益性原则，健全政府主导、社会参与、办学主体多元、办学形式多样、充满生机活力的办学体制，形成以政府办学为主体、全社会积极参与、公办教育和民办教育共同发展的格局。

（五）管理体制改革

教育管理体制改革是促进教育事业发展的重要保障。《教育规划纲要》明确指出：“以转变政府职能和简政放权为重点，明确各级政府责任，规范学校办学行为，促进管办评分离，形成政事分开、权责明确、统筹协调、规范有序的教育管理体制。”这段话勾画出我国未来教育管理体制改革的目标是形成政事分开、权责明确、统筹协调、规范有序的教育管理体制。

（六）扩大教育开放

扩大教育开放对一个国家教育改革和发展、教育质量的提高具有重要意义。《教育规划纲要》对扩大教育开放的具体举措作了规定：引进优质教育资源；推动我国高水平教育机构海外办学；提高我国教育国际交流合作水平等。

五、教育改革发展的保障措施

为了确保国家中长期教育改革和发展规划能够顺利实现，《教育规划纲要》规定了六项保障措施：

（一）加强教师队伍建设

教育改革发展的核心任务是提高教育质量，提高教育质量的关键是加强教师队伍建设。因此，《教育规划纲要》提出了教师队伍建设的总体目标，即“严格教师资质，提升教师素质，努力造就一支师德高尚、业务精湛、结构合理、充满活力的高素质专业化教师队伍”。围绕这一目标，《教育规划纲要》提出了教师队伍建设的有力措施，主要包括：完善并严格实施教师准入制度；完善培养培训体系；提高教师地位待遇；建立统一的中小学教师职务（职称）系列，在中小学设置正高级教师职务（职称）等。

（二）保障经费投入

教育投入是支撑国家长远发展的基础性、战略性投资，是教育事业的物质基础，是公共财政的重要职能。《教育规划纲要》提出：要健全以政府投入为主、多渠道筹集教育经费的体制，大幅度增加教育投入；各级政府要优化财政支出结构，统筹各项收入，把教育作为财政支出的重点领域予以优先保障。

（三）加快教育信息化进程

信息技术对教育发展具有革命性影响，必须把教育信息化纳入国家信息化发展整体战略，超前部署教育信息网络。《教育规划纲要》明确规定：到2020年，基本建成覆盖城乡各级各类学校的教育信息化体系，促进教育内容、教学手段和教育方法现代化。

（四）推进依法治教

依法治教是依法治国基本方略在教育领域的体现，是我国教育事业深化改革、加快发展的必然要求，是教育现代化的重要保证。《教育规划纲要》明确从四个方面推进依法治教：一是完善中国特色社会主义教育法律体系；二是全面推进教育行政执法体制机制改革；三是坚持依法治校、从严治校；四是加强教育督导、教育执法和监督问责。

（五）加强组织领导

党和政府的正确领导是教育事业改革发展的重要保障。当前我国教育改革和发展进入了“深水区”，面临着更加复杂的利益格局调整和体制机制改革的挑战，加强、改善党和政府对教育工作的领导尤为重要。因此，《教育规划纲要》提出：加强和改善党和政府对教育工作的领导，切实履行推动教育事业优先发展、科学发展的职责；加强和改进教育系统党的建设，充分发挥党组织在学校工作中的作用，始终坚持社会主义办学方向，切实维护教育系统和谐安全稳定。

（六）重大项目和改革试点

着眼于教育改革发展全局和人民群众关心的突出问题，以加强薄弱环节和关键领域为重点，《教育规划纲要》提出了政府启动实施的重大项目和改革试点。

重大项目包括义务教育学校标准化建设；义务教育教师队伍建设；推进农村学前教育；职业教育基础能力建设；提升高等教育质量；发展民族教育；发展特殊教育；家庭经济困难学生资助；教育信息化建设；教育国际交流合作。

改革试点包括推进素质教育改革试点；义务教育均衡发展改革试点；职业教育办学模式改革试点；终身教育体制机制建设试点；拔尖创新人才培养改革试点；考试招生制度改革试点；现代大学制度改革试点；深化办学体制改革试点；地方教育投入保障机制改革试点；省级政府教育统筹综合改革试点。

资料卡片

义务教育阶段学校标准化建设

所谓义务教育阶段学校标准化建设，就是使学校在师资、用地、校舍、现代信息技术教育设施、教学仪器设备、图书室、音体美器材、学生生活服务设施和学校管理、教育教学等方面，达到国家和省规定的基本标准。基本达到区域间、校际间的均衡发展，努力缩小城乡差距，实现高水平、高质量普及义务教育的目标。

思考训练

1.《教育规划纲要》在促进教育公平、提高教育质量方面提出了哪些重要举措？

2. 根据《教育规划纲要》规定，结合教育教学实际，谈谈如何更新人才培养观念？

3.《教育规划纲要》把改革创新作为教育发展的强大动力，为此提出了哪六项改革任务？

4. 根据《教育规划纲要》规定，结合教育教学实际，谈谈如何给中小学生"减负"？

专题四

《中华人民共和国教师法》解读

学习指南

1. 了解《中华人民共和国教师法》（以下简称《教师法》）的立法宗旨。
2. 掌握《教师法》规定的教师的权利和义务。
3. 了解《教师法》、《中华人民共和国教师资格条例》等对教师的资格条件、认定办法、职务制度、聘任制度的规定。
4. 掌握《教师法》对教师工资、津贴、住房、医疗、退休待遇的规定。
5. 通过案例了解违反《教师法》的法律责任。

问题驱动

在全面推进教育法治化进程的背景下，教师能否依法执教无疑是极其重要的。那么《教师法》是如何把尊师重教的方针上升为国家法律的？教师资格如何取得？教师是如何任用聘用的？教师有哪些权利和义务？应如何把握其权利和义务的关系？在当前如何改善教师待遇，提高教师的社会地位？违反《教师法》的行为主要有哪些？又将承担怎样的法律责任？本专题，我们将系统阐述。

案例导航

在校学生因受违纪处分而自杀身亡

李某系某中学高二(6)班学生。2005 年 11 月 8 日下午，李某参加该中学组织的政治课考试，监考老师认定李晖作弊。次日上午，某中学相关部门作出对李某记过处分的决定，并将处分决定张贴于校园公示栏内。同日李某在家中自缢身亡。李某家人认为某中学的错误处理决定给李某造成了巨大的精神压力和严重的心理伤害，并导致李某自杀身亡。起诉请求法院判令该中学赔偿死亡赔偿金、丧葬费、交通费、精神损失费 26 万多元。该中学辩称：李某违反学校纪律，在考试中作弊的行为经查属实，被告学校针对李某的违纪行为，按照有关规定给予其相应的处分并无不当，不应赔偿。

思考：

对于在校学生因受违纪处分而自杀身亡的，学校是否应当承担赔偿责任？

《中华人民共和国教师法》(以下简称《教师法》)从 1986 年开始起草，经过 8 年酝酿、修改，于 1993 年 10 月 31 日第八届全国人民代表大会常务委员会第四次会议通过，1994 年 1 月 1 日起施行，2009 年 8 月 27 日修正。《教师法》的制定和颁布，对于提高教师的地位，保障教师的合法权益，造就一支具有良好思想品德和业务素质的教师队伍，促进我国社会主义教育事业的发展，有着重要意义。《教师法》是我国教育史上第一部关于教师的法律。

一、《教师法》的立法宗旨和适用范围

（一）《教师法》的立法宗旨

《教师法》以教师为立法对象，把国家尊师重教的方针上升为法律，体现了全国人民的共同愿望和意志。总则第一条对其立法宗旨作了明确规定："为了保障教师的合法权益，建设具有良好思想品德修养和业务素质的教师队伍，促进社会主义教育事业的发展，制定本法。"具体包括以下几个方面：

1.保障教师的合法权益

中共中央、国务院《关于全面深化新时代教师队伍建设改革的意见》（以下简称《意见》）指出，面对新方位、新征程、新使命，教师队伍建设还不能完全适应。有的地方……对教师队伍建设的支持力度亟须加大……教师特别是中小学教师职业吸引力不足，地位待遇有待提高。长期以来，在一些地方存在歧视和不尊重教师的现象，教师的地位和待遇偏低，影响了教师工作的积极性和教师队伍的稳定。国家通过制定《教师法》，通过法律明确确认教师的基本权利，规定教师应享有的社会地位和物质待遇，规定政府、学校，各行各业及公民的职责，规定侵害教师合法权益的法律责任，对运用法律手段有效保护教师的合法权益具有重要的现实针对性。

2.提高教师队伍素质

《意见》指出，百年大计，教育为本；教育大计，教师为本……坚持教育优先发展战略，把教师工作置于教育事业发展的重点支持战略领域，优先谋划教师工作，优先保障教师工作投入，优先满足教师队伍建设需要。教师队伍素质决定着教育的质量。通过制定《教师法》，以法律的形式确定实行教师资格制度，对教师的任用、培养、培训、考核等作出规定，使提高教师队伍素质的工作有章可循，有法可依，严格按照法律规定的措施、标准，优化教师队伍，以便尽快在我国建设一支具有良好思想品德修养和业务素质的教师队伍，适应教育事业发展的需要。

3.促进我国社会主义教育事业的发展

《意见》指出，教师承担着传播知识、传播思想、传播真理的历史使命，肩

负着塑造灵魂、塑造生命、塑造人的时代重任，是教育发展的第一资源，是国家富强、民族振兴、人民幸福的重要基石。振兴民族的希望在教育，振兴教育的希望在教师。把教育放在优先发展的战略地位是我国实现社会主义现代化建设的根本大计。教育能否振兴和健康发展，关键在于能否建设一支具有良好思想品德和业务素质的教师队伍。因此，制定《教师法》，依法加强教师队伍的建设，以促进教育事业的发展。

（二）《教师法》的适用对象

《教师法》总则第二条规定适用范围："本法适用于在各级各类学校和其他教育机构中专门从事教育教学工作的教师。"这里所指的"各级各类学校"是指实施学前教育、普通初中教育、普通高中教育、职业教育、普通高等教育以及特殊教育、成人教育的学校。这里所指的"其他教育机构"是特指与中小学教育、教学工作紧密联系的少年宫、地方中小学教研室、电化教育馆等教育机构。这里所指的"教师"是指在学校中传递人类文化科学知识和技能，进行思想品德教育，把受教育者培养成社会主义社会需要的人才的专业人员。

二、教师的权利和义务

教师的权利和义务是《教师法》的核心问题。教师的权利和义务是由《教师法》等法律规范所设定，是一种特定的权利和义务。教师的权利和义务始于其取得教师资格并在学校或其他教育机构任职，终于解聘。

（一）教师的权利

教师的权利，是指教师在教育教学中依法享有的权益，是国家对教师能够做出或者不做出一定行为，以及要求他人相应做出或者不做出一定行为的许可与保障。依据《教师法》第七条规定，我国教师具有以下六项权利：

1.教育教学权

这是教师为履行职责必须具备的基本权利。这项权利表明：教师可依据其所在学校的教学计划、教学工作量的具体要求，结合自身的教学特点自主组织课堂教学；教师可以按照教学大纲的要求确定其教学内容和进度，并不断完善教学内容；教师可以针对不同的教育教学对象，在教育教学形式、方法、具体内容等方面进行改革、实验和完善。任何组织或个人都不得非法剥夺在聘教师从事教育教学活动、开展教育教学改革和实验权利的行使。教师在聘任期内不得放弃行使这一权利。

2.科学研究权

这是教师作为专业技术人员所享有的基本权利之一。其内容包括：教师在完成规定的教育教学任务的前提下，有权进行科学研究、技术开发、技术咨询等创造性劳动；教师有权将教育教学中的成功经验，或专业领域的研究成果等，撰写成学术论文，著书立说；教师可以参加有关的学术交流活动，以及参加依法成立的学术团体并兼任工作的权利；教师有在学术研究中发表自己的观点，开展学术争鸣的自由。但应注意在教育教学活动中，不应任意发表与讲授内容无关且有损受教育者身心发展的个人看法。对于中小学教师和大学教师来说，科学研究权利享有的程度是不同的。我国法律不主张中小学教师向中小学生任意发表个人意见，因为中小学生是未成年人，其身心处于发育和发展之中。而对于高校教师，则要求除承担教学工作外，还应积极开展科学研究，教师的科研成果是考核和职称评定的硬指标。对高校教师来说，科学研究既是权利，也是义务。

3.管理学生权

这是教师所享有的在教育教学过程中居于主导地位的基本权利。其内容包括：

(1)教师有权依据学生的身心发展状况和特点，因材施教，有针对性指导学生，并就学生的特长、就业、升学等方面的发展给予指导。

(2)教师有权对学生的思想政治、品德、学习等方面给予客观、公正、恰如其分的评价。

(3)教师有权运用正确的指导思想、科学的方式方法，使学生的个性和能力得到充分发展。

教师的这一职业权利受法律保护，任何组织和个人不得以非法手段干预教师这项权利的行使。学校及其管理人员未经教师允许不得随意修改教师对学生品行和学业成绩的评定。被评价学生认为评价不公正,可以向学校或教育行政部门申诉。

4.获取报酬待遇权

这是宪法规定的公民劳动权、休息权的具体化。这项权利有利于教师获得稳定的劳动报酬,地方各级政府应采取必要措施保证所辖学校教师劳动报酬的按时足额发放。这项权利主要包括:

(1)教师有权要求所在学校及其主管部门根据国家教育法律、教师聘用合同的规定,按时、足额支付工资报酬。教师的工资报酬包括基础工资、职务工资、课时报酬、奖金、教龄津贴、班主任津贴及其他津贴在内的工资收入。

(2)教师有权享受国家规定的福利待遇。其福利待遇包括医疗、住房、退休等方面的各种待遇和优惠以及寒暑假期的带薪休假。特殊岗位的教师还享有特殊的津贴补助:中小学教师和中等职业学校的教师享受教龄津贴和其他津贴;少数民族地区和贫困地区的教师享有特殊补贴;有特殊贡献的教师,可以享受政府特殊津贴。

5.民主管理权

这项权利是教师参与教育管理的民主权利的体现。该项权利主要包括:

(1)教师享有对学校及其他教育行政部门工作的批评和建议权,这是宪法规定的公民批评和建议权利的具体表现。

(2)教师有权通过教职工代表大会、工会等组织形式以及其他适当方式,参与学校的民主管理,讨论学校发展、改革等方面的重大事项,以保障自身的民主权利和切身利益,推进学校的民主建设,提高学校管理的效益和水平。教师民主管理权的行使有利于增加教育管理的透明度,加强对教育管理权力的监督,增强教师的主人翁感,激发其工作积极性。

6.进修培训权

这项权利是宪法规定的公民受教育权的体现。该项权利内容包括:

(1)教师有权参加进修和接受其他多种形式的培训,不断更新知识、调整知识结构,以提高自己的思想品德和业务素质,从而保障教育教学的质量。

(2)教育行政部门、学校及其他教育机构应当采取多种形式，开辟多种渠道，保证教师进修培训权的行使。同时，教师进修培训权的行使，要在完成本职工作的前提下，有组织、有计划进行。不得影响正常的教育教学工作。

(二)教师的义务

教师的义务，是指教师从事教育教学工作必须履行的责任，表现为对教师在教育教学活动中必须做出一定行为或不得做出一定行为的约束。它是由法律规定，并以国家强制力保障其履行。依据《教师法》第八条规定，教师的义务主要包括以下六个方面：

1.遵守宪法、法律和职业道德的义务

教师作为中华人民共和国公民，必须遵守宪法、法律。教师要自觉培养学生的法治观念，教师自己首先应是模范遵守宪法和法律的表率。《意见》指出，突出师德。把提高教师思想政治素质和职业道德水平摆在首要位置，把社会主义核心价值观贯穿教书育人全过程，突出全员全方位全过程师德养成，推动教师成为先进思想文化的传播者、党执政的坚定支持者、学生健康成长的指导者。教师作为人类灵魂的工程师，应当遵守职业道德。由于教师担负着培养下一代的任务，他们在传授科学文化知识的同时，对学生的思想品德、道德、法律意识等方面形成有着重要影响，因此，教师的职业道德，不仅是教师自身行为的规范，也是法律赋予教师应尽的基本义务。

2.完成教育教学工作的义务

教育教学工作是教师的本职工作。教师在教育教学活动中，应当全面贯彻国家的教育方针，对学生进行全面指导。特别是在基础教育阶段，要使受教育者在德、智、体等诸多方面得到发展，而不能一味重视智育，追求分数，偏重书本知识，而把其他摆在可有可无的位置，这是与教育方针相违背的，应予以纠正。教师应遵守教育行政部门和学校、其他教育机构制定的具体教学工作安排。教师应当履行聘任合同中约定的教育教学职责，完成职责范围内的教育教学任务。

3.进行思想品德教育的义务

教师的工作是教书育人，通过教书，达到育人的目的。该项义务包括：

(1)教师应自觉结合自己教育教学的业务特点，将思想品德教育贯穿教育教学工作全过程。对学生进行思想品德教育是教师工作的一个组成部分。教师必须掌握对学生开展思想品德教育的方法和艺术，寓教于乐，讲究教育的实效。

(2)在对学生进行思想品德教育时，要遵循四项基本原则，要引导学生逐步树立科学的人生观、世界观，教育学生爱祖国、爱人民、爱劳动、爱科学、爱社会主义，把学生培养成具有社会公德、文明行为习惯的遵纪守法的好公民。

4.关心爱护学生，促进学生全面发展的义务

这一义务包括：

(1)教师要关心爱护每一位学生。关心、爱护学生是教师的天职，是做好教育工作的前提条件。

(2)教师要尊重学生的人格尊严。人格尊严是宪法规定的公民的一项基本权利。现实中，学生的这一权利易受到侵犯。对有缺点错误的学生，教师更应给予特别关怀，使他们也能健康成长，绝不能采取简单粗暴的办法，不能侮辱、歧视他们，不能泄露学生隐私，更不能体罚或变相体罚学生。因侮辱学生影响恶劣或体罚学生经教育不改，造成严重后果的，应承担相应的法律责任。

(3)教师在指导学生全面发展方面要处理好全面发展与个性发展的关系。教师要正确对待学生的兴趣、爱好与学业的关系，使学生的全面发展在其丰富的个性中体现出来。

5.保护学生合法权益，促进学生健康成长的义务

这一义务主要包括：

(1)教师不仅应做到自己不侵犯学生的合法权益，而且应负有保护学生合法权益和身心健康免受其他不法行为或不良现象侵害的义务。教师在教育教学工作中，对侵犯其所负责教育管理的学生合法权益的违法行为应加以制止。

（2）教师对社会上出现的有害于身心健康成长的不良现象，有义务进行批评和抵制。保护学生的合法权益和身心健康，是全社会的责任，教师更有义不容辞的义务。有害于学生的行为或现象，可能来自其他学生或教师，也可能来自学生家长和社会上其他人员，教师有义务劝说、制止，或向有关部门举报，以保护学生的合法权益不受侵害。

6.不断提高思想政治觉悟和教育教学水平

教育教学工作是一项较强的专业性工作。教师担负着提高民族素质的使命，这就要求教师不断学习，加强自身思想道德修养，使其保持较高的思想政治觉悟和教育教学专业水平，以适应教育教学工作需要。随着社会的进步、科技的发展、知识更新速度的不断加快，教师要想胜任工作，跟上时代发展步伐，就需要不断学习，加强自身思想道德修养，提高业务水平。

三、教师的资格和任用

教师的资格和任用制度是教师管理制度的重要内容。《教师法》在第三章对教师的资格条件、认定办法、职务制度、聘任制度等方面作了规定，使教师队伍素质的提高有章可循，有法可依。

（一）教师资格制度

教师资格制度是国家对教师实行的一种特定的职业资格认定制度，是公民获得教师工作应具备的特定条件和身份。《教师法》第十条第二款规定，教师资格构成要件包括国籍、品德、业务、学历和认定五个方面，缺一不可。《意见》提出，严格教师准入，提高入职标准，重视思想政治素质和业务能力，根据教育行业特点，分区域规划，分类别指导，结合实际，逐步将幼儿园教师学历提升至专科，小学教师学历提升至师范专业专科和非师范专业本科，初中教师学历提升至本科，有条件的地方将普通高中教师学历提升至研究生。教师的职业特点决定了对教师的思想品德、道德修养必然有很高的要求。根据《教师法》第十四条规定，对有弄虚作假，骗取教师资格的，以及品行不良，侮辱学生，影响恶劣的等情形者均由县级以上人民政府教育行政部门撤销其教师资格，由其资格认定机构收回其教师资格证书。

（二）教师聘任制度

教师聘任制度是学校与教师在遵循双方地位平等的原则下，签订聘任合同，明确规定双方权利、义务和责任的一种制度。《教师法》第十七条规定：学校和其他教育机构应当逐步实行教师聘任制。教师聘任必须遵循双方地位平等的原则，是双方的法律行为。双方在平等基础上签订的聘任合同具有法律效力，对聘任双方都有约束力，它以聘书的形式明确双方的权利、义务和责任。在聘期内，教师、学校分别行使自己的权利并履行其义务。

（三）教师的培养与培训

教师的培养与培训，对于提高教师素质具有重要意义，是体现《教师法》立法宗旨的重要部分。《教师法》第十八条规定，教师的培养主要通过师范教育渠道进行，中小学教师的培养主要由中等师范学校教育和高等师范学校教育两个正规学历教育承担。国家鼓励综合、理工、农业、林业、政法、艺术等非师范高校的毕业生，根据国家需要，到中小学或职业学校任教。适应知识更新的需要，教育行政部门和学校均负有加强中小学教师培训的重要责任。

（四）教师的考核与奖励

教师的考核是指学校及其他教育机构，按照考核内容、考核原则、考核程序，对教师进行的考察和评价。它具有导向功能，通过考核，促使教师不断端正教育思想，促进教师队伍建设管理的规范化。《教师法》规定教师的考核机构是学校或其他教育机构，教育行政部门对教师的考核工作进行指导、监督。考核内容包括政治思想、业务水平、工作态度、工作成绩四个方面。考核程序要求充分听取教师本人、其他教师以及学生的意见。考核结果是受聘任教、晋升工资、实施奖惩的依据。教师的奖励是按照教师的工作成绩、对教育事业的贡献大小而给予的一定精神奖励和物质奖励。这对于加强教师队伍建设具有重要的现实意义。

四、教师的待遇

教师的待遇是指教师的工资、津贴、住房、医疗、退休金等方面的总和。教师的待遇是《教师法》的一个重点问题。长期以来，我国教师待遇偏低，不适应教育事业发展的需要，因而迫切需要提高教师待遇。《意见》指出，不断提高地位待遇，真正让教师成为令人羡慕的职业。明确教师的特别重要地位。突显教师职业的公共属性，强化教师承担的国家使命和公共教育服务的职责，确立公办中小学教师作为国家公职人员特殊的法律地位，明确中小学教师的权利和义务，强化保障和管理。《教师法》第六章专门对教师待遇作了具体规定。

（一）工资

《教师法》第二十五条规定了教师的平均工资水平应当不低于或者高于国家公务员的平均工资水平，并逐步提高，建立正常的晋级增薪制度。国家以公务员工资为参照依据，体现了国家对改善教师工资待遇的决心。建立正常的晋级增薪制度，可以改变长期以来教师晋级增薪不正常、不定期的状况，为提高教师待遇提供法律保障。此外，国家还规定教师应享受教龄津贴、班主任津贴、特殊教育津贴等。《意见》提出，完善中小学教师待遇保障机制。健全中小学教师工资长效联动机制，核定绩效工资总量时统筹考虑当地公务员实际收入水平，确保中小学教师平均工资收入水平不低于或高于当地公务员平均工资收入水平……大力提升乡村教师待遇……在培训、职称评聘、表彰奖励等方面向乡村青年教师倾斜。

（二）住房

《教师法》第二十八条规定了地方政府和有关部门应对城市教师住房的建设、租赁、出售实行优先、优惠，对农村中小学教师的住房提供方便。长期以来，由于教师职业属于低薪职业，教师的住房条件较差，而教师的工作特点又需要他们有个安静的工作环境。对教师来说，住房不仅是生活资料，也是生产资料。教师下班回到家还要备课、批改作业、从事科研工作等。《教师法》将解决教师住房问题的政策上升为法律，体现了国家要解决教师住房困难的决心，也为各级政府和主管部门提供了执行教师住房优惠方面的法律依据。《国家中长期教育改革和发展规划纲要(2010～2020年)》进一步提出制定教师住房优惠政策，建设农村边远艰苦地区学校教师周转宿舍。《意见》提出，深入实施乡村教师支持计划，关心乡村教师生活。认真落实艰苦边远地区津贴等政策……加强乡村教师周转宿舍建设，按规定将符合条件的教师纳入当地住房保障范围，让乡村教师住有所居。

(三)医疗保健

《教师法》第二十九条规定了教师的医疗同当地国家公务员享受同等待遇，定期对教师进行身体健康检查，并因地制宜安排教师进行休养。医疗机构应当对当地教师的医疗提供方便。《国家中长期教育改革和发展规划纲要(2010～2020年)》要求落实和完善教师医疗保健等社会保障政策。医疗保健是教师生命健康的重要保证，法律规定将教师的医疗保健与当地国家公务员享受同等待遇，可见国家对教师的关怀和爱护。

(四)养老保险

《教师法》第三十条规定了教师退休或退职后，享受国家规定的退休或者退职待遇。县级以上地方人民政府可以适当提高长期从事教育教学工作的中小学退休教师的退休金比例。《国家中长期教育改革和发展规划纲要(2010～2020)》进一步对落实和完善教师养老保险等社保政策提出了要求。2014年《事业单位人事管理条例》第三十五条也规定事业单位及其工作人员依法参加社会保险，工作人员依法享受社会保险待遇。教师在退休离职后，国家给予良好的安置，是社会对教师的尊敬和回报。这为稳定教师队伍、解决教师退休后的生活待遇问题提供了法律保障。

五、违反《教师法》的法律责任

为保证教师权利和义务的落实，维护《教师法》权威，《教师法》第八章对有关违法行为的法律责任作出了明确规定。违反《教师法》的行为主要有两类:侵犯教师权益的法律责任和教师违法行为的法律责任,其法律责任主要有民事责任、行政责任和刑事责任。

(一)侵犯教师权益的法律责任

1.侮辱、殴打教师的法律责任

《教师法》第三十五条规定了侮辱、殴打教师的法律责任。教师作为普通公民,其人身权利和自由受法律保护。该条规定是对教师顺利进行教育教学活动的保护性规定。根据违法的不同情况,侮辱、殴打教师情节较轻的,给予警告、罚款、行政拘留等治安管理处罚。有公职的还可能承担警告、记过、记大过、降级、撤职、开除的行政处分。造成教师人身损害的,还要承担相应的医疗费、营养费、误工费等民事赔偿责任。如果情节严重,构成犯罪的,依照《刑法》追究其刑事责任。

2.拖欠教师工资或侵犯教师其他合法权益的法律责任

教育经费是教育工作正常运转的经济保障,国家财政性教育经费必须用于教育,不得挪用、克扣。《教师法》第三十八条规定了挪用、克扣教育经费行为的法律责任;其上级机关责令限期归还的法律责任;对直接负责的主管人员和其他责任人员的行政处分责任;情节严重,构成犯罪的,依法追究刑事责任。教师工资是教师的劳动报酬之一。地方人民政府对违反本法规定,拖欠教师工资或者侵犯教师其他合法权益的,有上级机关责令限期改正。

3.打击报复教师的法律责任

《教师法》第三十六条、第三十九明确规定了打击报复教师行为的法律责任。教师对学校或者其他教育机构侵犯其合法权益的,或者对学校、其他教育机构作出的处理不服的,可以向教育行政部门提出申诉。教师对违反犯罪行为有控告、检举的权利。教师的申诉、控告、检举权受法律保护。对依法提出申诉、控告、检举的教师进行打击报复的,其所在单位或上级机关要责令改正;情节严重,依据情况给予行政处分。如果实施打击报复教师的是国家工作人员,情节严重,构成犯罪的,依法追究其刑事责任。

(二)教师违法行为的法律责任

教师的教育教学活动是其权利,也是其义务。对完成教育教学工作较好的给予奖励。对故意不完成教育教学工作任务,造成损失的,要承担相应的法律责任。《教师法》第三十七条规定了教师违反《教师法》的行为和法律责任。教师违反《教师法》的行为主要有:(1)故意不完成教育教学任务给教育教学工作造成损失的;(2)体罚学生,经教育不改的;(3)品行不良,侮辱学生,影响恶劣的。教师作出上述行为,由所在学校、其他教育机构或者教育行政部门给予行政处分或解聘其职务。对体罚学生、经教育不改的或品行不良、侮辱学生、影响恶劣的教师,如果情节严重,构成犯罪的,还要依法追究刑事责任。

资料卡片

教师的惩戒权

教师的惩戒权指的是教师为了维护学校教育教学活动的正常秩序、保障教育教学活动的正常开展,以国家法律法规为依据,对学生的违反学生行为规范、破坏学校规章制度的行为而行使的一种教育管理权。中小学生在接受教育过程中,其认识发展水平较低、对自身行为的控制能力较弱,出现各种违规行为,就需要教师的引导或惩戒。对学生的惩戒或奖励都是管理学生的手段,目的都是促进学生的发展。在美国,作为一个普遍法则,学校惩戒属于学校管理者和地方学区的自由裁量权范围。基于学校及教师的“替代父母”地位,学校及老师可以对学生实施合理的惩戒。如何判断惩戒的合理性问题,人们一般认可巴良提出的八条标准,即“巴良标准”。[①]

思考训练

1. 教师有哪些权利和义务?教师应如何把握其权利和义务的关系?
2. 联系实际,谈谈如何改善教师待遇,提高教师社会地位?

---

① 参见徐建平等主编:《教育政策与法规》,重庆:重庆大学出版社 2014 年版,第 211 页。

3.违反《教师法》的行为及其法律责任有哪些？

4.课外阅读《安徽省实施〈中华人民共和国教师法〉办法（2006年修订）》，了解安徽省有关教师待遇等具体规定，讨论落实我省教师待遇还有哪些方面亟须改进？[《安徽省实施〈中华人民共和国教师法〉办法（2006年修订）》]

5.课外阅读中共中央、国务院《关于全面深化新时代教师队伍建设改革的意见》。

专题五

《中华人民共和国义务教育法》解读

学习指南

1. 了解《中华人民共和国义务教育法》（以下简称《义务教育法》）的立法宗旨。
2. 掌握义务教育的性质和特点。
3. 掌握《义务教育法》规定的就学制度。
4. 掌握《义务教育法》规定的义务教育的条件保障。
5. 通过案例了解违法《义务教育法》的法律责任。

问题驱动

《义务教育法》的颁布实施有力地推动了我国基础教育的普及和全民素质的提高。义务教育性质如何？义务教育有何特点？《义务教育法》规定的条件保障包括哪些？各级政府在实施义务教育中有何责任？违反《义务教育法》的行为种类有哪些？又有何法律责任？本专题，我们将系统阐述。

案例

适龄儿童被拒绝就近入学

某小学由于办学条件好，师资力量强，教学质量高，是众多学生家长心目中理想的学校。2009年，为了能够更多的创收，在现有条件下，学校决定，在秋季招生中，压缩计划内儿童入学名额，扩大收费生比例，王某家住这所小学的服务区内，今年就要升入一年级。当他的父母带着他按时去学校报名时，却被告知计划内名额已报满，只能按收费生交3000元入学，否则，不能入学。

思考：

学校的行为合法吗？王某该怎么办？

《中华人民共和国义务教育法》(以下简称《义务教育法》)，于1986年4月12日第六届全国人民代表大会第四次会议通过，并于1986年7月1日起施行；2006年6月29日修订，2015年4月24日修正。该法是新中国成立以来颁布的第一部基础教育方面的法律，是促进和保障我国基础教育健康发展的基本法。它的颁布、实施有力地推动了我国基础教育的普及和全民素质的提高。

一、《义务教育法》的立法宗旨

(一)立法原因

1.我国社会主义现代化建设的需要

社会主义现代化建设的关键是人才问题。我国人口众多，广大劳动者的科学文化素质不高。人才缺乏，已经成为制约我国经济增长和发展的因素之一，这又是我国现代化建设亟待解决的一个问题。为了变人口压力为人才优势，必须提高人口素质。因此，通过制定和实施《义务教育法》，提高劳动者的素质，以适应社会主义现代化建设的需要。

2.我国基础教育迫切发展的需要

基础教育是教育的基础，对教育事业的发展起着至关重要的作用。然而，我国的基础教育仍很薄弱，立法当时，相当一部分农村地区尚未普及小学教育；许多中小学教师文化素质尚未达到国家要求；相当一部分中小学校舍破旧失修，教学设备严重缺乏；在一些城镇和乡村，学生中途辍学的情况也比较严重；一些企业招用学龄儿童、少年的现象时有发生。基础教育的这种落后状况，严重阻碍了我国教育事业的发展，同建设社会主义现代化国家的宏伟目标形成尖锐的矛盾。因此，必须用法律手段来保障我国基础教育的发展。

3.普及九年制义务教育的法律保障

《宪法》明确规定国家要普及初等义务教育，1985 年《中共中央关于教育体制改革的决定》也提出要实施九年制义务教育。在当时的情况下，我国人口众多，基础教育薄弱，义务教育的实施必须通过立法才能保障。因此，在借鉴国外普及义务教育经验的基础上，结合我国具体国情，制定了我国历史上第一部完整的、成熟的《义务教育法》，它标志着我国义务教育制度的确立，使我国普及义务教育事业开始走上依法治教的轨道。

(二)立法宗旨

《义务教育法》第三条的规定体现了我国义务教育的根本指导思想和根本宗旨。《义务教育法》的根本指导思想是贯彻国家的教育方针。在义务教育中应全面贯彻国家的教育方针。同时，努力提高教育质量，是义务教育一项基本任务，也是实施义务教育一个重要的指导思想。义务教育是全面发展的教育，是面向全体学生的教育，即面向全体适龄儿童、少年的全面发展的教育质量观。义务教育的根本宗旨是为提高全民族的素质，培养有理想、有道德、有文化、有纪律的社会主义建设人才奠定基础。在义务教育中，我们应通过贯彻义务教育这一根本宗旨，把初等教育和初级中等教育从升学教育的轨道转移到素质教育的轨道上。把升学率的竞争变为办学水平的竞争，从精英教育转向面向全体学生，促使学生全面发展，培养学生健全的个性，以适应社会发展的需要。

二、义务教育的性质

作为一项教育制度和法律制度，义务教育具有不同于其他教育制度和教育工作的属性。就其性质而言，它具有强制性、普及性、公共性、免费性和基础性的特点。

（一）强制性

义务教育的强制性是义务教育的最本质特征。义务教育是法律保证教育活动的实施。义务教育不仅是受教育者的权利，而且是国家的义务，国家、社会、学校和家庭必须依法予以保证。对不履行义务教育的行为，国家以立法的形式强制执行。《义务教育法》第五条规定了适龄儿童、少年的父母或者其他法定监护人应当依法保证其按时入学接受并完成义务教育。否则，对其进行批评教育，并采取有效措施责令其送子女接受义务教育。《义务教育法》第五十九条规定了对招用适龄儿童、少年就业的个人或组织，要追究其法律责任。这些法定的强制性措施是义务教育顺利实施的法律保障。

（二）普及性

义务教育的普及性是义务教育的基本性质。所谓普及性是指全体适龄儿童、少年，除依照法律规定办理缓学或免学手续的以外，都必须入学接受教育，并且必须完成规定年限的义务教育。义务教育是一种全民性教育，人人有书读，人人必须读书。这是现代社会对公民素质的最基本要求。世界上大多数国家都以法律形式规定了适龄儿童少年接受一定年限的义务教育。

（三）免费性

免费性是义务教育的重要特征。所谓免费性是指国家对接受义务教育的适龄儿童、少年免除学杂费，这是世界各国实施义务教育的一个共同特点。义务教育从免除部分费用到免除全部费用，需要从各个国家和地区的实际情况出发，有一个逐步发展的过程。《义务教育法》第二条规定了实施义务教育，不收学费、杂费。这说明我国的义务教育是真正意义上的免费教育。国家将义务教育全面纳入财政保障范围，义务教育经费由国务院和地方政府依法保障。

（四）公共性

义务教育的公共性，也称义务教育的国民性，是义务教育的一个重要特征。所谓公共性是指义务教育是一种社会公共事业，属于国民教育的范畴。它表现为义务教育属于一种政府行为，是在国务院领导下，实行地方负责，分级管理。国家实行九年制义务教育，实施义务教育所需事业费和基本建设投资，由国务院和地方各级人民政府负责筹措，予以保证。这些措施表明，义务教育是与国家利益紧密相关的事，不再是个人或家庭的私事，它代表了广大人民群众的利益。义务教育的这种国家性，有利于义务教育质量的提高。

（五）基础性

基础性也是义务教育的重要特征。所谓基础性是指义务教育是基础教育，其目的是为提高民族素质，培养"四有"的社会主义人才奠定基础。公民接受一定的基础教育是促进个体社会化的必要途径，是社会健康发展的保证。义务教育的基础性还表现在义务教育是一种全民性的教育，而不是英才教育，其根本目的是使全体适龄儿童、少年在德、智、体等方面全面发展，为提高民族素质、培养社会主义建设人才奠定基础。

三、义务教育的就学制度

(一)义务教育的对象

《义务教育法》第四条、第十一条、第十九条、第二十条规定了义务教育的入学对象。义务教育的正常入学年龄为六周岁,条件不具备的地区,可以推迟到七周岁入学。对于不能接受义务教育的免学、缓学的情形作出了特殊规定:丧失学习能力的儿童,可以免予入学;因疾病或者特殊原因,经当地人民政府批准可以延缓入学;适龄儿童、少年接受义务教育的入学年龄和年限,以及因缓学或者其他特殊情况需延长的在校年龄,由省级人民政府依照《义务教育法》的规定和本地区实际情况确定。

对于盲聋哑、弱智儿童,《义务教育法》规定了县级以上地方人民政府举办特殊教育学校(班)的责任,以保证视力残疾、听力语言残疾和智力残疾的适龄儿童、少年能接受义务教育。普通学校应当接收具有接受普通教育能力的残疾适龄儿童、少年随班就读,并为其学习、康复提供帮助。

对于严重不良行为的适龄少年,《义务教育法》规定了县级以上地方人民政府举办专门学校的责任,保障具有《预防未成年人犯罪法》规定的严重不良行为的适龄少年接受义务教育。

(二)入学条件

《义务教育法》明确提出了免费入学的就学制度。《义务教育法》第二条、第十二条、第十三条、第四十四条规定了义务教育的入学条件。首先,义务教育阶段的适龄儿童、少年免费入学。义务教育阶段的适龄儿童、少年入学不需要缴纳任何费用,上学期间所有花费由地方政府承担。其次,国家还设立补助金,帮助贫困学生完成学业。县级人民政府教育行政部门和乡镇人民政府有责任帮助解决适龄儿童、少年接受义务教育的困难,采取措施防止适龄儿童、少年辍学。各级人民政府对家庭经济困难的适龄儿童、少年免费提供教科书并补助寄宿生生活费。

(三)入学保障机构

《义务教育法》第十二条、第十三条规定了儿童入学接受义务教育的入学保障机构。首先,规定了地方政府对就近入学的保障。地方各级人民政府应当保障适龄儿童、少年在户籍所在地学校就近入学。父母或者其他法定监护人在非户籍所在地工作或者居住的适龄儿童、少年,在其父母或者其他法定监护人工作或者居住地接受义务教育的,当地人民政府应当为其提供平等接受义务教育的条件。该规定解决了进城务工的农民工的子女可以在其父母居住或工作的地方接受义务教育的问题。其次,规定了地方政府对军人子女接受义务的保障。县级人民政府教育行政部门对本行政区域内的军人子女接受义务教育予以保障,对于现役军人子女,规定了在其父母服役的行政区域内接受义务教育。

四、义务教育的条件保障

为了保障义务教育教学工作的正常进行,《义务教育法》规定了实施义务教育的机构保障、经费保障和师资保障。

(一)机构保障

为了保障适龄儿童、少年能就近入学,各级政府应合理设置小学和初级中学,城市和农村发展规划必须包括相应的义务教育设施。《义务教育法》规定了县级以上地方人民政府根据本行政区域内居住的适龄儿童、少年的数量和分布状况等因素,按照国家有关规定,制定、调整学校设置规划。新建居民区需要设置学校的,应当与居民区的建设同步进行。此外,《义务教育法》不仅规定了政府保障所有适龄儿童、少年有学上,还规定了政府保障教育的公平责任。《义务教育法》规定了县级以上人民政府及其教育行政部门应当促进学校均衡发展,缩小学校之间办学条件的差距,不得将学校分为重点学校和非重点学校。学校不得分设重点班和非重点班。

为了保障义务教育的教育教学,《义务教育法》对学校活动也作了规定。首先,规定了学校的安全管理职责。学校应当建立、健全安全制度和应急机制，对学生进行安全教育，加强管理，及时消除隐患，预防发生事故。县级以上地方人民政府定期对学校校舍安全进行检查；对需要维修、改造的，及时予以维修、改造。学校不得聘用曾经因故意犯罪被依法剥夺政治权利或者其他不适合从事义务教育工作的人担任工作人员。其次，明确禁止了学校的营利行为。学校不得违反国家规定收取费用，不得以向学生推销或者变相推销商品、服务等方式谋取利益。此外，明确禁止学校开除学生。

（二）经费保障

义务教育经费是义务教育发展和完善的经济基础，是改善办学条件、实施义务教育的重要保障。《义务教育法》对义务教育经费的来源、筹措方式作出了明确规定。

1.义务教育经费以国家财政拨款为主

地方各级政府是筹措义务教育经费的直接责任者，各级财政拨款是经费来源的主渠道。用于义务教育财政拨款的增长比例，应当高于财政经常性收入的增长比例，并保证按照在校学生人数平均的义务教育费用逐步增长。

2.多渠道筹措义务教育经费

《义务教育法》除规定财政拨款的主渠道外，还对教育费附加、社会力量办学、社会集资、捐助等作了规定，明确了我国义务教育经费以财政拨款为主、多渠道筹措的原则。事实上，我国义务教育经费筹措已经呈现多元化趋向。

（三）师资保障

义务教育的师资队伍是实施义务教育的根本保证。《义务教育法》第二十八条至第三十三条对义务教育的教师培养管理、教师待遇及教育教学要求作出明确规定，主要包括以下内容：

1.师资的培养和培训

国家采取积极措施，加强和发展示范教育，保证义务教育的师资需求。为保障教师质量，《义务教育法》规定了教师资格、职务制度。教师应当取得国家规定的教师资格。国家建立统一的义务教育教师职务制度。县级以上人民政府应当加强教师培养工作,采取措施发展教师教育。县级人民政府教育行政部门应当均衡配置本行政区域内的学校师资力量,组织校长、教师的培训,加强对薄弱学校的建设。为保障农村地区、民族地区的师资,还规定鼓励到农村地区、民族地区任教。

2.教师待遇

为吸引优秀人才从事义务教育事业,稳定义务教育的教师队伍,《义务教育法》规定了教师的工资福利,特别是规定了义务教育教师的平均工资水平应当不低于当地公务员的平均工资水平。特殊教育教师享有特殊岗位补助津贴。在民族地区和边远贫困地区工作的教师享有艰苦贫困地区补助津贴。

3.对教师的基本要求

教师应当热爱教育事业,努力提高自己的思想、文化、专业水平。国家鼓励教师长期从事教育工作。教师应当为人师表,忠诚于人民的教育事业,在教育教学中应当平等对待学生,关注学生的个体差异,因材施教,促进学生的充分发展。教师应当尊重学生的人格,不得歧视学生,不得对学生实施体罚、变相体罚或者其他侮辱人格尊严的行为,不得侵犯学生合法权益。

五、违反《义务教育法》的法律责任

《义务教育法》第五十一条至第六十条分别规定了违反《义务教育法》行为的法律责任。根据违法性质和情节程度,规定了相应的行政、民事和刑事责任。以下从违反义务教育的就学制度、教育教学规定、条件保障规定三个方面加以分析:

(一)违反就学制度

就学制度是保障儿童接受义务教育的根本制度。违反《义务教育法》规定的就学制度的行为主要有以下三类:学校拒学行为,适龄儿童、少年的父母或其他监护人的不送学行为,用人单位的非法招用行为。对此,《义务教育法》分别规定了相应的法律后果。

对于学校拒绝接收具有接受普通教育能力的残疾适龄儿童、少年随班就读的，或者违反本法规定开除学生的拒学行为，由县级人民政府教育行政部门责令限期改正；情节严重的，对直接负责的主管人员和其他直接责任人员依法给予处分。

对于父母或其他监护人的不送学行为，由当地乡镇人民政府或者县级人民政府教育行政部门给予批评教育，责令限期改正。

对用人单位胁迫或者诱骗应当接受义务教育的适龄儿童、少年失学、辍学的，或者非法招用应当接受义务教育的适龄儿童、少年的非法招用行为，依照有关法律、行政法规的规定予以处罚。

（二）违反教育教学规定

违反义务教育的教育教学规定的主体范围较广，主要包括：政府及教育行政机关，学校及其他教育机构，国家机关工作人员，适龄儿童、少年的父母或者其他法定监护人。以下从不同主体违反《义务教育法》教育教学规定的角度，分析相应的法律责任。

1.政府、教育行政部门

根据《义务教育法》第五十三条和第五十四条的规定，县级以上人民政府或者其教育行政部门违反教育教学相关规定的行为主要有：将学校分为重点学校和非重点学校的；改变或者变相改变公办学校性质的；未采取措施组织适龄儿童、少年入学或者防止辍学的；侵占、挪用义务教育经费的；向学校非法收取或者摊派费用的。

对于以上行为，《义务教育法》规定了如下法律责任：由上级人民政府或者其教育行政部门责令限期改正、通报批评；情节严重的，对直接负责的主管人员和其他直接责任人员依法给予行政处分。

2.学校及其他教育机构

根据《义务教育法》第五十六条和第五十七条规定，学校及其他教育机构违反教育教学规定的行为主要包括：学校违反国家规定收取费用的；学校以向学生推销或者变相推销商品、服务等方式谋取利益的；分设重点班和非重点班的；违反本法规定开除学生的；选用未经审定的教科书的。

对于以上行为,《义务教育法》规定了如下法律责任:由县级人民政府教育行政部门给予通报批评;责令限期改正;责令退还所收费用;有违法所得的,没收违法所得;对直接负责的主管人员和其他直接责任人员依法给予处分。

3.适龄儿童、少年父母或监护人

根据《义务教育法》五十八条规定,适龄儿童、少年父母或监护人违反教育教学规定的行为主要包括:无正当理由未依照本法规定送适龄儿童、少年入学接受义务教育的。对此,《义务教育法》规定了如下法律责任:由当地乡镇人民政府或者县级人民政府教育行政部门给予批评教育,责令限期改正。

(三)违反条件保障规定

违反义务教育条件保障规定的主体主要是地方政府及教育行政机关。根据《义务教育法》第五十一条和第五十二条规定,违反义务教育条件保障规定的行为主要有:不能为适龄儿童、少年提供接受义务教育的机构;不能按规定数额拨付义务教育经费;未按照国家有关规定制定、调整学校设置规划的;学校建设不符合国家规定的办学标准、选址要求和建设标准的;未定期对学校校舍安全进行检查,并及时维修、改造的;未依照本法规定均衡安排义务教育经费的等。

对于以上行为《义务教育法》规定了如下法律责任:由国务院或者上级地方人民政府责令限期改正;情节严重的,对直接负责的主管人员和其他直接责任人员依法给予行政处分。

资料卡片

义务教育的起源

义务教育的最初起源,是在16世纪欧洲宗教改革运动时期。这一时期推行新教的国家把教育作为争取青年、弘扬新教派、对抗旧教势力的重要手段,强迫儿童入学学习读、写、算和宗教知识。在这一普及义务教育运动基础上,西方各国逐步兴起国家负责的公立学校系统,形成了国家管理教育的模式,并在19世纪后半期,相继制定了普及义务教育的法规,使普及义务教育步入法制化轨道。一些先进国家在普及初等教育的同时实行减免学费，使绝大多数儿童受到初等的学校教育。①

我国的义务教育始于清末科举制度废除之后。1904 年，清廷批准《奏定学堂章程》，时称“癸卯学制”，首次提出了义务教育的观念。新中国成立后，1982 年《宪法》首次以立法形式明确规定了“普及初等义务教育”的任务，1986 年制定了第一部《义务教育法》。

思考训练

1. 各级政府在实施义务教育中有何责任？

2. 违反《义务教育法》的行为种类有哪些？其有何法律责任？

3. 课后阅读《安徽省实施〈中华人民共和国义务教育法〉办法》(2017)，了解安徽省实施义务教育具体规定的实效性如何？有哪些地方亟待改进？[《安徽省实施〈中华人民共和国义务教育法〉办法》(2017)]

① 参见高家伟主编：《教育行政法》，北京：北京大学出版社 2007 年版，第 224 页。

专题六

《中华人民共和国未成年人保护法》解读

学习指南

1. 了解《中华人民共和国未成年人保护法》（以下简称《未成年人保护法》）出台和修订的背景。
2. 了解《未成年人保护法》的总体结构。
3. 掌握《未成年人保护法》的主要内容。
4. 通过案例明确如何保护未成年人的合法权益。

问题驱动

保护未成年人合法权益、促进未成年人健康，不仅需要社会和家庭的关爱，而且需要法律提供切实保障。我国于1991年通过《中华人民共和国未成年人保护法》(以下简称《未成年人保护法》)，并于2006年进行了全面修订。但《未成年人保护法》所要保护的究竟是未成年人的哪些合法权益？如何利用《未成年人保护法》来保护未成年人？本专题，我们将对以上内容进行系统阐述。

案例导航

小刚为某校八年级的学生，今年14岁，很调皮，不爱学习，让班主任伤透了脑筋。班级就“要不要小刚继续在校读书”问题进行无记名投票表决，给小刚带来很大的精神压力，他再也不肯到学校读书了。小刚的父母觉得他继续上学也不会有前途，就送他到一家商场当服务员。小刚在当服务员期间，结识了一些不良青年，学会了吸烟、喝酒、赌博，而且小偷小摸，曾偷了同事少量钱财，受到商场警告。9月份的某天晚上，他竟入户盗窃，因数额较大，触犯了《刑法》，在将之逮捕归案时，公安人员不开警车，不穿警服，不扩大知情面，并对小刚进行了不公开审问。

思考：

1. 材料中哪些人的行为分别违反了《未成年人保护法》的哪些规定？
2. 材料中哪些人的行为符合《未成年人保护法》的哪些规定？

《未成年人保护法》于1991年9月4日第七届全国人民代表大会常务委员会第二十一次会议通过，在2006年12月29日第十届全国人民代表大会常务委员会第二十五次会议上，对《未成年人保护法》进行修订。新的《未成年人保护法》于2007年6月1日起施行。2012年10月26日中华人民共和国主席令第65号公布的《全国人民代表大会常务委员会关于修改〈中华人民共和国未成年人保护法〉的决定》对其进行了第二次修正。

《未成年人保护法》共分七章七十二条，第一章总则，主要规定了立法目的、依据，立法对象和基本原则；第二章家庭保护、第三章学校保护、第四章社会保护、第五章司法保护，这四章分别规定了对未成年人负有保护责任的主体的保护职责、内容和手段；第六章法律责任，主要规定了侵犯未成年人的合法权益的法律责任，未成年人的请求权利；第七章附则，规定了该法的生效时间。以下将对《未成年人保护法》的主要内容进行解读。

资料卡片

未成年人

未成年人是指未满18周岁的公民。未成年人享有生存权、发展权、受保护权、参与权等权利，国家根据未成年人身心发展特点给予特殊、优先保护，保障未成年人的合法权益不受侵犯。未成年人享有受教育权，国家、社会、学校和家庭尊重和保障未成年人的受教育权。

未成年人是身心发育尚未成熟的特殊群体，具有特殊的生理和心理特征。从生理特征看，生理发育尚未成熟，身体机能有较大的弹性和可塑性，智力发育仍在继续和完善。从心理特征看，未成年人感知表象化，注意力不稳定、不持久，好奇心大，模仿力强，自我控制力差，可塑性大，这些特征决定了未成年人非常需要国家、社会、学校和家庭给予特别的关心和爱护。

一、《未成年人保护法》的立法目的及基本原则

《未成年人保护法》第一章总则，提纲挈领地规定了该法的立法目的，未成年人工作的基本原则以及各级国家机关、其他组织对于未成年人保护工作应负责任。

《未成年人保护法》第一条即明确其立法目的在于“保护未成年人的身心健康，保障未成年人的合法权益，促进未成年人在品德、智力、体质等方面全面发展，培养有理想、有道德、有文化、有纪律的社会主义建设者和接班人”。

《未成年人保护法》还规定了未成年人工作应当遵循的原则，第五条明确规定未成年人工作应当遵循以下原则：“（一）尊重未成年人的人格尊严；（二）适应未成年人身心发展的规律和特点；（三）教育与保护相结合。”

在第一章总则中还规定了保护未成年人是国家机关、武装力量、政党、社会团体、企业事业组织、城乡基层群众性自治组织、未成年人的监护人和其他成年公民的共同责任。同时明确了国家机关应当在各自职责范围内做

好未成年人保护工作，社会团体应当协助各级人民政府做好未成年人保护工作，维护未成年人的合法权益。

二、家庭保护

家庭保护是指父母或其他监护人对未成年人进行的保护。这种保护包括物质上的照顾和精神上的关怀。家庭保护对未成年人的成长最为重要，因此，《未成年人保护法》第二章以专章的形式对家庭保护作出规定。

《未成年人保护法》对家长和监护人提出了限制性要求。主要有五条：

（一）禁止对未成年人实施家庭暴力

由于未成年人的生理和心理特征，未成年人在家庭中处于弱势地位，在家庭暴力和家庭成员间的虐待事件中，常常成为受害者。为保护未成年人在家庭生活中免受暴力和虐待，《未成年人保护法》作出了明确规定。

《未成年人保护法》第十条第二款规定："禁止对未成年人实施家庭暴力，禁止虐待、遗弃未成年人，禁止溺婴和其他残害婴儿的行为，不得歧视女性未成年人或有残疾的未成年人。"

为使未成年人有良好的成长环境，能够健康快乐成长，《未成年人保护法》第十条第一款明确规定父母和其他监护人应尽的责任，即"父母或者其他监护人应当创造良好、和睦的家庭环境，依法履行对未成年人的监护职责和抚养义务"。

（二）不得歧视女性未成年人和残疾未成年人

受传统思想的影响，在我国一些农村地区，仍存在歧视女童的现象。义务教育阶段女童的入学率远远低于男童。这严重侵害了未成年女性的合法权益，对整个社会的发展也产生不利影响。而残疾未成年人更是未成年人群体中的弱势群体，身体的残疾使得他们遭受了很多不幸，家庭和社会更应对他们进行特殊保护。

《未成年人保护法》对歧视女性未成年人和残疾未成年人的情况作出回应。《未成年人保护法》第十条第二款规定："不得歧视女性未成年人和残疾未成年人。”不论是男性未成年人还是女性未成年人、健康的或是有残疾的未成年人，他们的权益是平等的，都应当受到法律平等的保护。

（三）不得迫使未成年人结婚和订婚

《中华人民共和国婚姻法》规定了结婚的年龄，男性不得早于22周岁，女性不得早于20周岁。但在我国一些偏远的农村地区至今仍保留着订“娃娃亲”的风俗。还有一些父母在子女未成年时就为他们订立婚约，并强迫他们在未达到法定婚龄时结婚。这些行为对未成年人的身心健康极为不利，也严重影响了未成年人接受教育。

对此，《未成年人保护法》第十五条规定，父母或者其他监护人不得允许或者迫使未成年人结婚，不得为未成年人订立婚约。这一规定不仅在于保护未成年人的身心健康，也有利于家庭幸福和社会安定。

（四）未成年人的监护和抚养

《未成年人保护法》第十条规定，父母或其他监护人应当“依法履行对未成年人的监护职责和抚养义务”。

随着我国城市化进程的加快，越来越多的农村青年选择外出务工，因而带来了留守儿童的问题。为解决当前留守儿童的监护问题，《未成年人保护法》第十六条明确规定：“父母因外出务工或者其他原因不能履行对未成年人监护职责的，应当委托有监护能力的其他成年人代为监护。”

监护，是指对未成年人的人身、财产以及其他一切合法权益进行的监督和保护。父母是青少年子女法定的监护人，当父母无法亲自履行监护义务时，应当委托有监护能力的其他成年人代为监护。监护人应当履行以下两项主要义务：一是监护，保证未成年人的生命安全和身心健康，保护未成年人合法权益不受侵犯；二是抚养，为未成年人提供相应的物质生活条件，使他们健康成长。

（五）保护未成年人的受教育权

未成年人接受教育的权利是《宪法》、《义务教育法》明确规定并予以保护的，受教育权关系到未成年人的成长，更关系到国家和民族的未来。

《未成年人保护法》第十三条明确规定：“父母或者其他监护人应当尊重未成年人受教育的权利，必须使适龄未成年人依法入学接受并完成义务教育，不得使接受义务教育的未成年人辍学。”因此，任何侵害未成年人受教育权的行为都是违法的，都应当受到法律制裁。

案例

被告人王茂坤有未成年子女4人，原分别就读于平乐乡龙蛇小学三年级和二年级；被告人韦其明的女儿原就读于平乐戴中学龙蛇代办点初中一年级；被告人王世英的女儿原就读于平乐小学六年级。2001年春季，这6名学生未到学校报到读书。平乐乡政府多次派人到这些学生家中，苦口婆心地对家长做工作，并向他们宣讲《义务教育法》、《未成年人保护法》。此后，乡政府分别向学生家长送达了《复学通知书》、《行政处罚决定书》。但这些家长对此均置之不理，仍未送子女到学校就读。为此，乡政府向人民法院提起诉讼，要求判令3被告送其子女复学。

合议庭经审理后依法作出判决：3被告立即履行送子女复学的法定义务。

三、学校保护

学校保护是指学校、幼儿园、托儿所以及其他教育机构对未成年人身心健康实施的保护。未成年人在成长过程中，很大一部分时间是在学校度过，学校保护对未成年人的健康成长十分重要。

（一）保护未成年人的受教育权

受教育权是宪法赋予每个公民包括未成年人的一项基本权利，学校作为实施教育的专门机构，更有义务保障未成年人接受教育。

《未成年人保护法》第十八条规定：“学校应当尊重未成年学生的受教育权，关心、爱护学生，对品行有缺点、学习有困难的学生，应当耐心教育、帮助，不得歧视，不得违反法律和国家规定开除未成年学生。”该条对未成年人的受教育权作出具体规定，即使未成年人有犯错的行为，学校也不能随意开除学生，而应当对未成年学生进行教育和帮助。

(二)保证未成年人的人身安全和健康

学校作为教育机构，既有责任使在校学生接受良好的教育，又要保护学生在学校活动中的人身安全和健康，防止意外事件的发生。

《未成年人保护法》第二十二条规定："学校、幼儿园、托儿所应当建立安全制度，加强对未成年人的安全教育，采取措施保障未成年人的人身安全。学校、幼儿园、托儿所不得在危及未成年人人身安全、健康的校舍和其他设施、场所进行教育教学活动。学校、幼儿园安排未成年人参加集会、文化娱乐、社会实践等集体活动，应当有利于未成年人的健康成长，防止发生人身安全事故。"为预防危及未成年人人身安全和健康的事件发生，《未成年人保护法》第二十三条规定："教育行政等部门和学校、幼儿园、托儿所应当根据需要，制定应对各种灾害、传染性疾病、食物中毒、意外伤害等突发事件的预案，配备相应设施并进行必要的演练，增强未成年人的自我保护意识和能力。"

因此，学校应当保证其教室和各种教学设施的安全，经常检查，如有危险，要立即修复，消除隐患；学校组织学生外出春游、看电影或者参加集会、进行社会实践等活动时，必须做好组织工作；学校要保证教室和各种教学设施符合国家标准。

案例

人身安全和健康

2014年11月19日上午7点31分，蓬莱市潮水镇四村机场附近，一辆拉沙的大货车与一辆接送幼儿园孩子的面包车发生冲撞，对向行驶中大货车侧翻将面包车压住。事故造成12死3伤。其中，3名儿童和1名面包车司机当场死亡，另有8名儿童抢救无效死亡，3名儿童轻伤，无生命危险。蓬莱市教育部门相关负责人透露，调查发现存在超载，接送幼儿园孩子的面包车有8座，实载15人。

(三)保证未成年人全面发展

我国的教育方针是："教育必须为社会主义现代化建设服务，必须同生产劳动相结合，培养德、智、体等方面全面发展的社会主义事业的建设者和接班人。”让未成年人德、智、体全面发展，是各类学校工作的方向，也是每个受教育者的努力目标。

因此，《未成年人保护法》第十七条规定：“学校应当全面贯彻国家的教育方针，实施素质教育，提高教育质量，注重培养未成年学生的独立思考能力、创新能力和实践能力，促进未成年学生全面发展。”

（四）尊重未成年人的人格尊严

未成年人身心发育均未成熟，其心理健康和人格尊严更需要家庭和学校保护，因此，《未成年人保护法》第二十一条规定：“学校、幼儿园、托儿所的教职员工应当尊重未成年人的人格尊严，不得对未成年人实施体罚、变相体罚或者其他侮辱人格尊严的行为。”对于未成年人的任何体罚行为都是违法的，都应当禁止。

四、社会保护

社会保护是指各社会团体、企业事业组织、其他组织和公民，对未成年人实施的保护。保证未成年人健康成长是家庭、学校应负的责任，也是全社会应该重点关注的。

（一）保护未成年人的安全与健康

《未成年人保护法》第三十五条规定：“生产、销售用于未成年人的食品、药品、玩具、用具和游乐设施等，应当符合国家标准或者行业标准，不得有害于未成年人的安全和健康；需要标明注意事项的，应当在显著位置标明。”

这一规定主要是针对一些工厂、商店和公共场所而言，在生产、销售用于未成年人的食品、药品、玩具、用具和游乐设施时，避免对未成年人的安全和健康造成损害。

此外，由于抽烟饮酒低龄化趋势严重，未成年人饮酒比例越来越高，因饮酒导致未成年人斗殴、死亡事件时有发生，抽烟饮酒对未成年人身心健康所造成的严重危害，已引起全社会的高度关注。《未成年人保护法》对经营者向未成年人出售烟酒作出了禁止性规定。《未成年人保护法》第三十七条规定:“禁止向未成年人出售烟酒,经营者应当在显著位置设置不向未成年人出售烟酒的标志;对难以判明是否已成年的,应当要求其出示身份证件。任何人不得在中小学校、幼儿园、托儿所的教室、寝室、活动室和其他未成年人集中活动的场所吸烟、饮酒。”这一规定可以使未成年人避免被动吸烟,保证身体健康不受侵害。

(二)防止未成年人受到不良场所影响

近年来,有关网瘾少年的报道时常见诸报端,未成年人由于自控能力差、好奇心强,易被不良场所影响,严重影响了未成年人的健康成长。因此,《未成年人保护法》第三十六条规定:“中小学校园周边不得设置营业性歌舞娱乐场所、互联网上网服务营业场所等不适宜未成年人活动的场所。营业性歌舞娱乐场所、互联网上网服务营业场所等不适宜未成年人活动的场所,不得允许未成年人进入,经营者应当在显著位置设置未成年人禁入标志;对难以判明是否已成年的,应当要求其出示身份证件。”

案例

9 名案发时只有十六七岁的少年因终日沉溺网络,经不住诱惑,先后在南京市珠江路、老虎桥等处多次抢劫,最终锒铛入狱。该市玄武区法院对这一少年犯罪团伙作出宣判,其中 5 人被判处 3～4 年、6 个月不等的有期徒刑,4 人被判处缓刑。

9 人中最让人惋惜的是自幼在南京长大、被同学称为“少年美术天才”的张某,其作品还在省少儿卡通漫画比赛中获奖。但张某迷上上网后,整天沉溺其中。他还认识了一些不良人员,经常和这些人混在一起打架斗殴,追求享乐,最终走上了犯罪的道路。

(三)保护未成年人的荣誉权

《未成年人保护法》第四十六条规定:“国家依法保护未成年人的智力成果和荣誉权不受侵犯。”

未成年人的荣誉权,是他们在学习或社会生活中作出优异成绩后获得精神奖励而产生的权利。例如,被选为“十佳少先队员”、“优秀团员”、“见义勇为好少年”等。任何组织和个人不得非法剥夺未成年人的这些荣誉称号。对未成年人智力成果权和荣誉权利的保护,可以激发未成年人蓬勃向上的进取心,鼓励未成年人从小树立远大的理想和志向,将来对国家作出更大的贡献。

(四)公共场所优惠开放

未成年人除在家庭和学校活动之外,还应该在社会中活动,以便他们开阔眼界,增长见识。因此,国家十分重视文化设施的建设,以期为青少年健康成长提供服务。

《未成年人保护法》第三十条规定:“爱国主义教育基地、图书馆、青少年宫、儿童活动中心应当对未成年人免费开放;博物馆、纪念馆、科技馆、展览馆、美术馆、文化馆以及影剧院、体育场馆、动物园、公园等场所,应当按照有关规定对未成年人免费或者优惠开放。”

五、司法保护

对未成年人的司法保护,是指公安机关、人民检察院、人民法院以及监狱、少年犯管教所等劳动改造执行机关,依法行使权力,履行职责,对未成年人实施的专门保护。

(一)办理未成年人犯罪案件的特殊制度

未成年人犯罪虽然与成年人犯罪一样都对社会、对他人造成了危害,都应该受到法律制裁,但由于未成年人在生理和心理上与成年人有所不同,所以对于未成年人犯罪重点在于教育、感化和挽救。

根据《未成年人保护法》的有关规定和其他法律的具体规定,办理未成年人犯罪案件的特别之处主要在于:第一,设立专门机构和指定专人负责;第二,审理未成年人犯罪案件一般不公开;第三,对未成年人犯罪案件判决前,不许进行新闻报道;第四,未成年人罪犯与成年人分开关押、看管。

(二)对违法犯罪未成年人的教育改造

《未成年人保护法》第五十四条规定:“对违法犯罪的未成年人,实行教育、感化、挽救的方针,坚持教育为主、惩罚为辅的原则。对违法犯罪的未成年人，应当依法从轻、减轻或者免除处罚。”

该条明确了司法机关教育改造未成年人的指导思想和原则，即实行教育、感化、挽救的方针，坚持教育为主、惩罚为辅的原则。教育，就是对违法犯罪未成年人进行有组织的政治学习、文化知识学习、劳动技能学习，使他们提高觉悟，改正恶习，成为合格的公民。感化，就是要求从事劳改、劳教、少管的人员以情感、道义的力量去感动违法犯罪的未成年人。挽救，就是要求司法人员，以及从事劳改、劳教、少管的人员运用多种方法启迪违法犯罪的未成年人深刻认识错误和危害，努力改过从善。

(三)对未成年人继承权、抚养权的规定

《未成年人保护法》对未成年人民事权利的保护也有规定。该法第五十二条规定：“人民法院审理继承案件，应当依法保护未成年人的继承权和受遗赠权。人民法院审理离婚案件，涉及未成年子女抚养问题的，应当听取有表达意愿能力的未成年子女的意见，根据保障子女权益的原则和双方具体情况依法处理。”

六、法律责任

《未成年人保护法》第六章规定了违反《未成年人保护法》以及侵害未成年人合法权益应承担的法律责任。其中主要包括：父母或其他监护人不履行监护职责应承担的法律责任；学校、幼儿园、托儿所侵害未成年人合法权益应承担的法律责任；违法设置娱乐场所的，侵犯未成年人隐私应承担的法律责任。

(一)父母或其他监护人不履行监护职责的

父母或其他监护人的监护是未成年人健康成长的基础，对于父母或其他监护人不履行监护职责的行为，《未成年人保护法》作出明确规定，该法第六十二条规定：“父母或者其他监护人不依法履行监护职责，或者侵害未成年人合法权益的，由其所在单位或者居民委员会、村民委员会予以劝诫、制止；构成违反治安管理行为的，由公安机关依法给予行政处罚。”

（二）学校、幼儿园、托儿所侵害未成年人合法权益的

《未成年人保护法》第六十三条明确规定："学校、幼儿园、托儿所侵害未成年人合法权益的，由教育行政部门或者其他有关部门责令改正；情节严重的，对直接负责的主管人员和其他直接责任人员依法给予处分。学校、幼儿园、托儿所教职员工对未成年人实施体罚、变相体罚或者其他侮辱人格行为的，由其所在单位或者上级机关责令改正；情节严重的，依法给予处分。"

（三）违法设置娱乐场所的

不适宜未成年人的娱乐场所，对未成年人危害极大，为遏制在学校周边设置娱乐场所，《未成年人保护法》第六十六条明确规定："在中小学校园周边设置营业性歌舞娱乐场所、互联网上网服务营业场所等不适宜未成年人活动的场所的，由主管部门予以关闭，依法给予行政处罚。营业性歌舞娱乐场所、互联网上网服务营业场所等不适宜未成年人活动的场所允许未成年人进入，或者没有在显著位置设置未成年人禁入标志的，由主管部门责令改正，依法给予行政处罚。"

（四）侵犯未成年人隐私的

未成年人的隐私受到法律保护，任何组织或者个人不得披露未成年人的隐私。对于侵犯未成年人隐私的行为，《未成年人保护法》第六十九条明确规定："侵犯未成年人隐私，构成违反治安管理行为的，由公安机关依法给予行政处罚。"

思考训练

1.《未成年人保护法》的立法原则是什么？

2.《未成年人保护法》主要从哪些方面对未成年人的权利进行保护？

3. 侵害未成年人合法权益应当承担哪些法律责任？

专题七

《中华人民共和国预防未成年人犯罪法》解读

学习指南

1. 了解《中华人民共和国预防未成年人犯罪法》（以下简称《预防未成年人犯罪法》）的出台背景。
2. 了解《预防未成年人犯罪法》的总体结构。
3. 掌握《预防未成年人犯罪法》的主要内容。
4. 通过一些案例，明确如何预防未成年人犯罪。

问题驱动

未成年人是祖国的未来，民族的希望。国家的发展需要高素质的人才保障。但是未成年人犯罪问题在现实生活中屡见不鲜。这是由多方面的综合原因所导致。对于未成年人犯罪，须以预防和教育为主、惩治为辅。因此，我国专门出台了《中华人民共和国预防未成年人犯罪法》（以下简称《预防未成年人犯罪法》），从源头上对未成年人的犯罪进行预防。如何预防未成年人犯罪，家庭、学校、社会都应当作出哪些努力？《预防未成年人犯罪法》又是如何规定的？本专题，我们将对以上内容进行系统阐述。

案例导航

2004年9月4日凌晨，岳阳市公安局刑侦支队干警成功抓获一涉嫌持刀抢劫的犯罪团伙。该团伙成员最大的17岁，最小的15岁，他们多次深夜在商业城、马壕铁路段、南湖广场、火车站立交桥附近抢劫，一名乞讨者身上仅有的3块钱也被他们抢走。劫来的钱物，都被他们挥霍一空。

思考：

1. 未成年人犯罪有哪些特点？
2. 如何预防未成年人犯罪？

我国有3.7亿未成年人，占总人口的三分之一。未成年人犯罪问题既是社会各界广泛关注的治安热点，又是社会治安综合治理的难点。它不仅严重危害了社会秩序，也严重影响到未成年人的健康成长。进入20世纪八九十年代以后，我国未成年人犯罪率一直居高不下，且呈上升趋势。

《中华人民共和国预防未成年人犯罪法》（以下简称《预防未成年人犯罪法》）由中华人民共和国第九届全国人民代表大会常务委员会第十次会议于1999年6月28日通过，自1999年11月1日起施行。并于2012年10月26日第十一届全国人民代表大会常务委员会第二十九次会议修正。

从国内外的司法实践来看，对犯罪的未成年人，重点不在于惩罚，而在于教育和挽救，对于其犯罪活动，应该是防重于治。《预防未成年人犯罪法》

是我国预防未成年人犯罪工作步入法制化轨道的突出标志。该法的出台，对保障未成年人身心健康，培养未成年人的良好品行意义重大。

《预防未成年人犯罪法》主要规定了八章内容，即总则、预防未成年人犯罪的教育、对未成年人不良行为的预防、对未成年人严重不良行为的矫治、未成年人对犯罪的自我防范、对未成年人重新犯罪的预防、法律责任、附则。以下将对其主要内容进行解读。

一、总则

《预防未成年人犯罪法》在总则部分明确规定了该法的立法目的、指导思想以及各级政府对于预防未成年人犯罪应负的责任。

(一)立法目的

总则部分明确规定了《预防未成年人犯罪法》的立法目的，即第一条规定："为了保障未成年人身心健康，培养未成年人良好品行，有效地预防未成年人犯罪，制定本法。"

(二)指导思想

《预防未成年人犯罪法》规定了预防未成年人犯罪的指导思想，即预防为主。该法第二条规定："立足于教育和保护，从小抓起，对未成年人的不良行为及时进行预防和矫治。"

(三)各级政府在预防未成年人犯罪方面的职责

《预防未成年人犯罪法》第三条规定："预防未成年人犯罪，在各级人民政府组织领导下，实行综合治理。政府有关部门、司法机关、人民团体、有关社会团体、学校、家庭、城市居民委员会、农村村民委员会等各方面共同参与，各负其责。"并具体规定了各级政府在预防未成年人犯罪方面的职责："制定预防未成年人犯罪工作的规划；组织、协调公安、教育、文化、新闻出版、广播电影电视、工商、民政、司法行政等政府有关部门和其他社会组织进行预防未成年人犯罪工作；对本法实施的情况和工作规划的执行情况进行检查；总结、推广预防未成年人犯罪工作的经验，树立、表彰先进典型。”

二、预防未成年人犯罪的教育

预防未成年人犯罪重点在于教育。因此，《预防未成年人犯罪法》第二章明确规定了预防未成年人犯罪的教育，同时明确了学校和教育行政部门在预防未成年人犯罪方面应当履行的职责以及其他相关部门在预防未成年人犯罪方面应做的法制宣传工作。

（一）预防未成年人犯罪重点在于教育

《预防未成年人犯罪法》第六条规定：“对未成年人应当加强思想、道德、法制和爱国主义、集体主义、社会主义教育。对于达到义务教育年龄的未成年人，在进行上述教育的同时，应当进行预防犯罪的教育。”同时明确预防未成年人犯罪的教育目的在于：“增强未成年人的法制观念，使未成年人懂得违法和犯罪行为对个人、家庭、社会造成的危害，违法和犯罪行为应当承担的法律责任，树立遵纪守法和防范违法犯罪的意识。”

（二）预防未成年人犯罪，学校和教育行政部门应当履行的职责

《预防未成年人犯罪法》第七条规定：“教育行政部门、学校应当将预防犯罪的教育作为法制教育的内容纳入学校教育教学计划，结合常见多发的未成年人犯罪，对不同年龄的未成年人进行有针对性的预防犯罪教育。”此外，规定学校应就教育计划及时与未成年人的父母进行沟通，以利于针对具体情况施教。

（三）预防未成年人犯罪的法制宣传

《预防未成年人犯罪法》第八条规定司法行政部门、教育行政部门、共产主义青年团、少年先锋队应当结合实际，组织、举办展览会、报告会、演讲会等多种形式的预防未成年人犯罪的法制宣传活动；同时，第十二条规定：“对

于已满十六周岁不满十八周岁准备就业的未成年人，职业教育培训机构、用人单位应当将法律知识和预防犯罪教育纳入职业培训的内容。”

案例

钟某，男，1994 年出生，北京昌平区人，某学校初中三年级学生。2008 年 10 月至 11 月校政教处多次接到学生钱包被盗的报案后，派出专人负责跟踪。根据学生提供线索，发现作案人经常在图书馆、足球场、篮球场、晚会现场等场所作案，政教处指定专人在上述场所伏击。12 月 16 日，根据学生提供线索在学生宿舍区将作案人钟某当场抓获。

根据该生的交待，2003 年 11 月 2 日至 12 月 16 日在学校图书馆、学生宿舍、篮球场、足球场等场所作案 22 次，经查实盗窃钱包 22 个，现金 4040 元，手机 6 部，电子辞典 5 部，手表 3 只，书籍 8 本，校运会金牌 1 块。事发后，经过学校领导的耐心教育，钟某认罪态度较好，能很好地配合教务处追回赃物和赃款。

钟某同学的行为已触犯了《中华人民共和国刑法》的有关规定，属违法犯罪行为，除追回款物，按价赔偿外，学校给予钟某直接开除学籍处分，并移交司法机关处理。

三、对未成年人不良行为的预防

预防未成年人犯罪行为，重点应当是对未成年人可能引起犯罪行为的其他不良行为的预防，因此《预防未成年人犯罪法》第三章明确规定了对未成年人不良行为的预防，在界定哪些为不良行为的基础上，明确了学校、家庭、社会在对未成年人不良行为的预防问题上应负的责任。

(一)不良行为的界定

《预防未成年人犯罪法》第十四条具体规定了什么是不良行为，包括：旷课、夜不归宿；携带管制刀具；打架斗殴、辱骂他人；强行向他人索要财物；参与赌博或者变相赌博；观看、收听色情、淫秽的音像制品、读物等；进入法律、法规规定未成年人不适宜进入的营业性歌舞厅等场所；其他严重违背社会公德的不良行为。

(二)如何预防不良行为产生

《预防未成年人犯罪法》对如何预防未成年人产生不良行为，以及若未成年人产生了不良行为应当如何帮教等问题进行了明确规定，针对未成年人不同时期的生理、心理特点适用不同的矫正方法，并通过良好的教育方法，指导教师、家长，有效地防止、矫治未成年人的不良行为。

《预防未成年人犯罪法》第十六条规定了对擅自外出夜不归宿的未成年人，应当及时查找，收留夜不归宿的未成年人的，应当在24小时内及时通知其父母或者其他监护人、所在学校或者向公安机关报告；第十七条规定发现未成年人组织或者参加实施不良行为的团伙的，以及发现有人教唆、胁迫、引诱未成年人违法犯罪的，应当向公安机关报告。在对已经产生不良行为的未成年人进行帮教方面，《预防未成年人犯罪法》第二十条规定了对于有不良行为的未成年人，其父母不得放任不管，不得迫使其离家出走；学校对有不良行为的未成年人应当加强教育、管理，不得歧视。

（三）学校、家庭、社会的责任

《预防未成年人犯罪法》分别从学校、家庭、社会三方面分层次地规定了相应的责任，如在规定学校的职责方面，除不得歧视有不良行为的未成年人以外，第二十五条规定对不符合从事教育教学的教职员工，应当予以解聘或者辞退；在家庭方面，第二十一条规定对于父母离异的，离异双方对子女都有教育的义务；第二十二条规定继父母、养父母对受其抚养教育的未成年继子女、养子女，也应当履行预防犯罪方面的教育职责。

在社会管理方面规定了一系列措施，如第二十六条规定禁止在中小学校附近开办营业性歌舞厅、营业性电子游戏场所以及其他未成年人不适宜进入的场所；营业性歌舞厅以及其他不适宜未成年人进入的场所应当设置明显的未成年人禁入标志。第三十条规定以未成年人为对象的出版物不得含有诱发未成年人违法犯罪的内容。第三十二条规定广播、电影、电视、戏剧节目以及出版物不得有渲染暴力、色情、赌博、恐怖活动等危害未成年人身心健康的内容。第二十七条规定公安机关应当加强中小学校周围环境的治安管理等，此外，还对流动人口中不良行为未成年人的管理问题作出了规定。

四、对未成年人严重不良行为的矫治

对未成年人严重不良行为的矫治是预防未成年人走上犯罪道路的重要手段。因此,《预防未成年人犯罪法》第四章明确规定了对未成年人严重不良行为的矫治,在界定严重不良行为的基础上,明确了相应的矫治措施,以降低未成年人因严重不良行为而发展成为犯罪的概率。

(一)严重不良行为的界定

《预防未成年人犯罪法》第三十四条将未成年人"严重不良行为"界定为:严重危害社会,尚不够刑事处罚的违法行为,主要包括:"纠集他人结伙滋事,扰乱治安;携带管制刀具,屡教不改;多次拦截殴打他人或者强行索要他人财物;传播淫秽的读物或者音像制品等;进行淫乱或者色情、卖淫活动;多次偷窃;参与赌博,屡教不改;吸食、注射毒品;其他严重危害社会的行为。"

(二)对有严重不良行为的未成年人应当采取的矫治措施

在矫治措施中,主要规定了工读教育、治安处罚和收容教养等。关于工读学校,《预防未成年人犯罪法》第三十五条规定了报送程序,即应当由未成年人的父母或者其他监护人,或者所在学校提出申请,经教育行政部门批准;第三十六条规定,工读学校课程设置及内容,即除按照《义务教育法》的要求,在课程设置上与普通学校相同外,应当加强法制教育的内容,以及应当关心爱护在工读学校就读的未成年人,尊重他们的人格尊严,不得体罚、虐待和歧视。

《预防未成年人犯罪法》第三十七条规定,对于构成违反治安管理行为的,由公安机关依法予以治安处罚,对不满十四周岁或者情节特别轻微免予处罚的,规定了可以予以训诫。另外,规定了对因不满十六周岁不予刑事处罚的,可以由政府收容教养。

（三）保证未成年人在收容教养期间的受教育权

《预防未成年人犯罪法》第三十八条规定，未成年人在被收容教养期间，执行机关应当保证其继续接受文化知识、法律知识或者职业技术教育，对没有完成义务教育的未成年人，执行机关应当保证其继续接受义务教育；对解除收容教养、劳动教养的未成年人，不得歧视等。

五、未成年人对犯罪的自我防范

预防未成年人犯罪的重要措施之一为未成年人对于犯罪的自我防范。未成年人应当遵守国家的法律法规，加强道德和法律修养，自觉抵制违法犯罪行为的引诱。《预防未成年人犯罪法》第五章专门规定了未成年人对犯罪的自我防范以及受害未成年人可请求保护等内容。

（一）未成年人的自我防范

《预防未成年人犯罪法》第四十条规定："未成年人应当遵守法律、法规及社会公共道德规范，树立自尊、自律、自强意识，增强辨别是非和自我保护的能力，自觉抵制各种不良行为及违法犯罪行为的引诱和侵害。"

未成年人的自我防范，具体来讲，主要包括两个方面：第一，未成年人应当遵守国家法律法规及社会公共规范。未成年人一旦养成种种不良习性后要矫正非常困难，因此，未成年人应该在日常生活和学习中，遵守国家法律法规、社会公共规范，尊重社会公德，养成良好的习惯，加强自我修养，自觉抵制违法犯罪行为的引诱。第二，树立自尊、自立、自强的意识。自尊、自立、自强是一种积极的人生态度，也是未成年人进行自我防范和赢得社会保护的途径。

（二）受害未成年人可请求保护

《预防未成年人犯罪法》第四十一条规定了被遗弃、虐待的未成年人有权向有关部门、组织请求保护。第四十二条规定未成年人发现任何人对自己或者其他未成年人实施法律规定不得实施的行为及犯罪行为时，可以通过所在学校、父母或者其他监护人向公安机关或者政府有关主管部门报告，也可以自己向上述机关报告。另外，第四十三条还规定了对同犯罪行为作斗争以及举报犯罪行为的未成年人，司法机关、学校、社会应当加强保护，保障其不受打击报复。

案例

学生蒋某假期与邻居李某、张某的几个朋友在一起玩，一天蒋某和李某等人坐出租车出去玩，在出租车上，蒋某听李某及张某的几个朋友说：等一下要将那人的手机抢来，另外还要搜一下他身上有没有钱，听了这话，蒋某知道李某等人是要去抢劫，他有点不想去但碍于朋友情面，还是跟着去了抢劫现场。抢劫时，蒋某站在边上，李某叫蒋某帮忙搜一下受害人的身，蒋某就上前搜了受害人的身并将搜到的钱全部交给李某，案发后，由于受害人及时报案，公安机关很快将李某、张某的几个朋友还有蒋某一并抓获，蒋某归案后一直辩解说他并不想抢别人的钱，他觉得很冤枉，但是法律规定：帮助他人以非法占有为目的，实施强行劫取公民财物的行为同样构成抢劫罪，蒋某最后被判处有期徒刑一年。

六、关于对未成年人重新犯罪的预防

对于已经走上犯罪道路的未成年人，在进行教育和挽救的同时，还要重点预防其重新犯罪，因此，《预防未成年人犯罪法》第六章规定了对犯罪的未成年人进行审判和刑事处罚的特殊制度，以及坚持教育为主的方针。

(一)坚持教育为主的方针

《预防未成年人犯罪法》第四十四条规定：对犯罪的未成年人实行教育、感化、挽救的方针，坚持教育为主，惩罚为辅的原则。并规定了司法机关办理未成年人刑事案件，应当充分保障其应有的诉讼权利，应当根据未成年人的生理特点、心理特点和犯罪情况，有针对性地进行法制教育。

(二)审理未成年人犯罪案件的特殊规定

与审理成年人犯罪案件不同，审理未成年人刑事案件时，应当遵守一些特殊的规定。《预防未成年人犯罪法》第四十四条第三款规定："对于被采取刑事强制措施的未成年学生，在人民法院的判决生效以前，不得取消其学籍。”第四十五条第二、三款分别规定：“对于审判的时候被告人不满十八周岁的刑事案件，不公开审理。”“对未成年人犯罪案件，新闻报道、影视节目、公开出版物不得披露该未成年人的姓名、住所、照片及可能推断出该未成年人的资料。”

（三）对未成年人执行刑事处罚的特殊规定

对未成年人执行刑事处罚，与成年人不同，根据未成年人特殊的身心发展状况，《预防未成年人犯罪法》对此作出了特别的规定。《预防未成年人犯罪法》第四十六条规定：“拘留、逮捕未成年的犯罪嫌疑人和对未成年犯执行刑罚，应当与成年人分别关押、分别管理、分别教育。未成年犯在被执行刑罚期间，执行机关应当加强对未成年犯的法制教育，对未成年犯进行职业技术教育。对没有完成义务教育的未成年犯，执行机关应当保证其继续接受义务教育。”

七、法律责任

《预防未成年人犯罪法》第七章规定了违反该法应承担的法律责任，主要包括父母或其他监护人不履行监护职责的责任，出版对未成年人有害的出版物和播放对未成年人有害的节目应承担的法律责任。

（一）父母或其他监护人不履行监护职责

《预防未成年人犯罪法》第四十九条规定：“未成年人的父母或者其他监护人不履行监护职责，放任未成年人有本法规定的不良行为或者严重不良行为的，由公安机关对未成年人的父母或者其他监护人予以训诫，责令其严加管教。”第五十条规定：“未成年人的父母或者其他监护人违反本法第十九条的规定，让不满十六周岁的未成年人脱离监护单独居住的，由公安机关对未成年人的父母或者其他监护人予以训诫，责令其立即改正。”

（二）出版对未成年人有害的出版物

《预防未成年人犯罪法》第五十二条规定：“违反本法第三十条的规定，

出版含有诱发未成年人违法犯罪以及渲染暴力、色情、赌博、恐怖活动等危害未成年人身心健康内容的出版物的，由出版行政部门没收违法所得，并处违法所得三倍以上十倍以下罚款；情节严重的，没收出版物的违法所得，并责令停业整顿或者吊销许可证，对直接负责的主管人员和其他直接责任人员处以罚款。制作、复制、宣扬淫秽内容的未成年人出版物，或者向未成年人出售、出租、传播宣扬淫秽内容的出版物的，依法予以治安处罚；构成犯罪的，依法追究刑事责任。”

(三)播放对未成年人有害的节目

《预防未成年人犯罪法》第五十四条规定：“影剧院、录像厅等各类演播场所，放映或者演出渲染暴力、色情、赌博、恐怖活动等危害未成年人身心健康的节目的，由政府有关主管部门没收违法播放的音像制品和违法所得，处以罚款，并对直接负责的主管人员和其他直接责任人员处以罚款；情节严重的，责令停业整顿或者由工商行政部门吊销营业执照。”

思考训练

1.《预防未成年人犯罪法》的立法意义是什么？

2.《预防未成年人犯罪法》中所称的严重不良行为是指哪些？

3. 未成年人应该如何增强自我保护意识？

参考文献

教师职业道德部分：

[1] 刘良慧等.教育观念的革命.重庆：重庆大学出版社，2001.

[2] 教育部师范教育司组织编写.新世纪教师职业道德修养.北京：教育科学出版社，2002.

[3] 傅维利.教师职业道德教育指南.北京：高等教育出版社，2002.

[4] 中华人民共和国教育部编.教师职业道德.北京：新华出版社，2003.

[5] 朱小蔓等.教育职场（教师的道德成长）.北京：教育科学出版社，2004.

[6] 孙彩平.教育的伦理精神.太原：山西教育出版社，2004.

[7] 任钟印编译.昆体良教育论著选.北京：人民教育出版社，2005.

[8] 齐欣.名师的人格教育力.北京：九州出版社，2006.

[9] 教育部人事司组编.高等学校教师职业道德修养.北京：北京师范大学出版社，2006.

[10] 陈宁主编.师德建设：多视角的分析与建构.北京：首都师范大学出版社，2008.

[11] 陈孔国主编.师德养成读本.长沙：湖南大学出版社，2010.

[12] 黄正平，刘守旗主编.教师职业道德新编.南京：南京大学出版社，2010.

[13] 曹辉.教师职业道德与专业发展.天津：天津教育出版社，2010.

[14] 余维武，朱丽.教师的职业道德素养.福州：福建教育出版社，2011.

[15] 钱焕琦.教师职业道德.上海：华东师范大学出版社，2011.

[16] 吴刚平等主编.中小学教师职业道德研修手册.北京：高等教育出版社，2012.

[17] 杨鼎家等. 教师职业道德规范与素质修养. 北京:中国言实出版社,2012.

[18] 段文阁,赵昆. 教师职业道德. 济南:山东人民出版社,2012.

[19] 钱焕琦,张勤主编. 小学教师职业道德实践. 上海:华东师范大学出版社,2014.

[20] 檀传宝,班建武. 绿色教育师德修养:做一个配享幸福的教育家. 北京:北京师范大学出版社,2014.

[21] 肖北方. 教师职业理想与道德. 北京:北京师范大学出版社,2012.

[22] 贾会彦等. 高效师德培养艺术实践. 南京:江苏美术出版社,2011.

[23] 卫建国. 教育法规与教师道德. 北京:北京师范大学出版社,2012.

[24] 韩传信. 教师职业道德. 合肥:安徽大学出版社,2013.

教育法律法规部分:

[25] 教育部人事司. 高等教育法规概论. 北京:北京师范大学出版社,2000.

[26] 教育部人事司. 高等教育法规概论. 北京:北京师范大学出版社,2005.

[27] 高家伟. 教育行政法. 北京:北京大学出版社,2007.

[28] 黄葳. 教育法学. 广州:广东高等教育出版社,2008.

[29] 张乐天. 教育政策法规的理论与实践. 上海:华东师范大学出版社,2009.

[30] 顾明远等.《国家中长期教育改革和发展规划纲要(2010～2020年)》解读. 北京:北京师范大学出版社,2010.

[31] 李晓燕等. 教育法学. 北京:高等教育出版社,2011.

[32] 黄欣. 教育法学. 上海:上海教育出版社,2011.

[33] 卫建国. 教育法规与教师道德. 北京:北京师范大学出版社,2012.

[34] 杨颖秀. 教育法学. 北京:中国人民大学出版社,2012.

[35] 袁兆春等. 教育法学. 山东:山东出版社,2014.

[36] 徐建平等. 教育政策与法规. 重庆:重庆大学出版社,2014.

[37] 顾明远. 学习和解读《国家中长期教育改革和发展规划纲要(2010～2020 年)》. 高等教育研究,2010,(07).